PESSOAS E GESTÃO

PESSOAS E GESTÃO

Uma parceria sustentável

Nancy Malschitzky (Org.)

ALMEDINA BRASIL LTDA. / ACTUAL EDITORA LDA.
ALAMEDA CAMPINAS, 1077, 6º ANDAR, JARDIM PAULISTA
SÃO PAULO, SP
CEP.: 01404-001
BRASIL

TEL./FAX: +55 11 3885-6624
SITE: WWW.ALMEDINA.COM.BR

COPYRIGHT © 2011, NANCY MALSCHITZKY (ORGANIZADORA)

EDIÇÃO ALMEDINA BRASIL LTDA.
TODOS OS DIREITOS PARA A PUBLICAÇÃO DESTA OBRA NO BRASIL RESERVADOS
POR ALMEDINA BRASIL LTDA.

ASSISTENTE EDITORIAL: MIRELLA VALERIANO
PRODUÇÃO EDITORIAL E CAPA: CASA DE IDEIAS

ISBN: 978-85-62937-06-4
IMPRESSO EM MAIO DE 2011.

Dados Internacionais de Catalogação na Publicação (CIP)
(Câmara Brasileira do Livro, SP, Brasil)

Pessoas e gestão : uma parceria sustentável / Nancy Malschitzky (org.). – São Paulo : Actual
Editora, 2011.

Vários autores.
ISBN 978-85-62937-06-4

1. Administração de pessoal 2. Autodesenvolvimento 3. Autorealização 4. Competências
5. Comportamento organizacional 6. Desenvolvimento pessoal
7. Desenvolvimento profissional 8 Habilidades básicas 9. Organizações – Administração
10. Sucesso profissional
I. Malschitzky, Nancy.

11-04615   CDD–650.14

Índices para catálogo sistemático:
1. Desenvolvimento de pessoal e profissional : Administração   650.14

TODOS OS DIREITOS RESERVADOS. NENHUMA PARTE DESTE LIVRO, PROTEGIDO POR COPYRIGHT,
PODE SER REPRODUZIDA, ARMAZENADA OU TRANSMITIDA DE ALGUMA FORMA OU POR ALGUM MEIO,
SEJA ELETRÔNICO OU MECÂNICO, INCLUSIVE FOTOCÓPIA, GRAVAÇÃO OU QUALQUER SISTEMA DE
ARMAZENAGEM DE INFORMAÇÕES, SEM A PERMISSÃO EXPRESSA E POR ESCRITO DA EDITORA.

AUTORES O····

DANIELE CRISTINE NICKEL

Possui graduação em Psicologia pela Pontifícia Universidade Católica do Paraná (PUC-PR), mestrado em Administração pela Universidade Federal do Paraná (UFPR) e doutorado em Engenharia de Produção & Sistemas – PPGEPS pela Universidade Federal de Santa Catarina (UFSC). Atualmente é professora doutora no Centro Universitário Franciscano (Unifae) e coordenadora do curso de Psicologia. Tem experiência na área de Gestão de Pessoas, na qual desenvolveu várias consultorias para empresas públicas e privadas. Ministra disciplinas nas áreas de Comportamento Organizacional, Desenvolvimento Pessoal e Profissional, Desenvolvimento Gerencial, Psicologia Geral, Psicologia Educacional, Desenvolvimento e Capacitação, Processos de Recrutamento e Seleção, Psicologia, Ciência e Profissão. Também desenvolve trabalho voluntário com um grupo de dependentes químicos, além de pesquisas nesta área.

DANTE RICARDO QUADROS

Psicólogo Organizacional (PUC-PR). Mestre em Administração de Empresas e doutor em Engenharia da Produção pela Universidade Federal de Santa Catarina (UFSC). Professor de cursos de pós-graduação (MBA e *lato sensu*). Consultor de empresas na área de Gestão Organizacional. Palestrante em temas de Comportamento Organizacional.

EUNICE MARIA NASCIMENTO

Doutora em Psicologia do Trabalho pela Université Liegè – Bélgica. Mestre em Administração de Instituições de Ensino Superior pela Universidade Tuiuti do Paraná. Pós-graduada em Gestão de Pessoas pela Pontifícia Universidade Católica do Paraná (PUC-PR). Especialista em Psicologia Organizacional e do Trabalho pelo Conselho Regional de Psicologia. Especialista em Gestão Pública pelo Instituto Municipal de Administração Pública e pela Universidade Federal do Paraná (UFPR). Graduada em Psicologia pela Universidade Tuiuti do Paraná. Consultora empresarial na área de Gestão Organizacional. Professora universitária na área de Gestão Organizacional em cursos de MBA e pós-graduação. Coach de executivos.

KASSEM MOHAMED EL SAYED

Possui graduação em Psicologia, com especialização em Administração de Empresas, ênfase em Recursos Humanos, mestrado em Engenharia da Produção com ênfase em Psicologia das Organizações pela Universidade Federal de Santa Catarina (UFSC). Tem especialização pela Universidade do Texas (Austin-Texas) em Banking e pelo Japan Productivity Center for Social and Economic Development (JPC-SED Tokyo-Japan) em Management of Productivity Improvement com ênfase em Labor and Management Relation. Foi gerente de Educação e Desenvolvimento do Banco Bamerindus do Brasil, além de gerente regional de RH. Foi gerente corporativo de RH da Furukawa Industrial S.A., gerente de Relações de Trabalho e consultor técnico do Instituto Brasileiro da Qualidade e Produtividade no Paraná. Atualmente responde pela Unidade de Educação Executiva da Escola de Negócios da Universidade Positivo e é professor na FAE Business School, da graduação (Conflitos e Negociação Sindical, Desenvolvimento Pessoal e Profissional, Comportamento e Liderança Empresarial e Estratégia de Negociação Internacional) e da pós-graduação em Negociação em Ambiente Empresarial, Relações de Trabalho e Relações Sindicais e Arquitetura Organizacional. Consultor organizacional e coach em diversas organizações. Assessor do Sindicado da Indústria da Construção Civil (Sinduscon-PR) na área de Negociação Sindical.

MARIA ALICE PEREIRA DE MOURA E CLARO

Psicóloga, especialista em Recursos Humanos e em Administração Estratégica, mestre em Administração e doutora em Engenharia de Produção. Foi analista de Recursos Humanos do Banco Bamerindus do Brasil e coordenadora de Cargos e Salários. Foi chefe de Salários da Placas do Paraná e gerente de Recursos Humanos. Atualmente é consultora de empresas na área de Remuneração, diretora de Projetos da Associação Brasileira de Recursos Humanos (ABRH-PR), coordenadora e professora de pós-graduação da FAE Business School.

MOZAR DE RAMOS

Graduado em Administração e pós-graduado em Desenvolvimento Gerencial e Controladoria pela Unifae.

Mestre em Administração Estratégica pela Pontifícia Universidade Católica do Paraná (PUC-PR).

Docente do Centro Universitário Franciscano do Paraná (FAE Business School), ministrando as disciplinas de Comportamento Organizacional e Negociação.

Docente convidado nos cursos de pós-graduação das Faculdades de Administração, Ciências, Educação e Letras (Facel), ministrando a disciplina de Negociação e Administração de Conflitos Organizacionais.

NANCY MALSCHITZKY (ORG.)

Doutora em Engenharia de Produção pela Universidade Federal de Santa Catarina (UFSC) – enfoque em Gestão de Negócios. Mestre em Engenharia de Produção pela UFSC – enfoque em Gestão Competitiva. Pós-graduada em Administração e Desenvolvimento de Recursos Humanos pela Pontifícia Universidade Católica do Paraná (PUC-PR). Graduada em Ciências Econômicas pela Faculdade de Administração e Economia do Paraná (FAE-PR).

NELCY TERESINHA LUBI FINCK

Mestre em Engenharia de Produção, com área de concentração em Mídia e Conhecimento pela Universidade Federal de Santa Catarina (UFSC). Pós-graduada em Administração em Escolas, em Gestão em RH e em Treinamento em RH pela FAE/CDE. Formada em Psicologia pela Pontifícia Universidade Católica do Paraná (PUC-PR). Atua na Associação Franciscana de Ensino Senhor Bom Jesus, em Curitiba, como orientadora educacional, orientadora profissional, professora da graduação e da pós-graduação. Também é professora de graduação na FAE – Centro Universitário, ministrando as disciplinas de Desenvolvimento Pessoal e Profissional, Avaliação e Desempenho de Pessoas, Comportamento Organizacional, nos cursos de Direito, Administração, Economia, Ciências Contábeis, Publicidade e Propaganda e Engenharia da Produção e Tecnólogos em Recursos Humanos, e as disciplinas de Políticas Educacionais e Didática no curso de Filosofia.

APRESENTAÇÃO

Mudam-se os tempos, mudam-se as vontades, muda-se
o ser, muda-se a confiança; todo o mundo é composto
de mudanças, tomando sempre novas qualidades.

(Camões)

Os autores deste livro debruçaram-se na perspectiva clássica da cultura ocidental com suas estruturas socioeconômicas, já contempladas exemplarmente por Camões e pela literatura, e na visão sistêmica com que as pessoas podem compreender o mundo e a si próprias.

O processo de mudança na "máquina do mundo" é a única condição estável na análise das dinâmicas da natureza, do homem e das empresas ou instituições.

Assim, mudando-se os tempos, chegamos ao futuro em que as vontades e necessidades humanas tornam-se intercambiantes na associação moderna de profissionais com empregabilidade para se somar, trabalhar em equipe, agregar valor a produtos e serviços.

Os seis artigos descortinam a você, caro leitor, as diversas faces da moderna Gestão de Pessoas dentro das organizações, na economia contemporânea da globalização.

Mudaram-se as técnicas de arregimentação de empregados em todas as especialidades de funções. Os autores mostram que o *empowerment* correto dos funcionários de uma empresa permite a eles reinventar-se nas atividades laborais e, assim, o poder compartilhado gera a mudança em busca do novo e do melhor.

As empresas e os profissionais que quiserem se preparar corretamente para a realidade desses novos tempos terão, aqui, um belo roteiro de sugestões e técnicas de Gestão de Pessoas em busca da produtividade, do lucro, da excelência e da realização pessoal e coletiva.

Após a leitura deste livro, você perceberá que as mudanças podem ocorrer de forma efetiva. Muito sucesso nesta caminhada.

Eunice Maria Nascimento

INTRODUÇÃO

> Se você não tem oportunidade de fazer grandes coisas,
> pode fazer pequenas coisas de uma forma grandiosa.
>
> (Brian Weiss)

Atualmente o diferencial nas corporações de sucesso está no capital humano, em que as pessoas constituem ativos que pensam e estão em busca constante de novas competências que sejam condizentes com as exigências do mercado. Para isso, o mundo corporativo apresenta cada vez mais a necessidade de mostrar estratégias adequadas para atrair e reter talentos.

A Empregabilidade trata do desenvolvimento permanente dessas competências e a Empresabilidade, do aproveitamento correto de tais competências em atividades que exijam a busca de inovações.

O capital humano deve ser considerado a fonte do **saber** (conhecimento), do **saber fazer** (habilidades) e do **saber ser** (atitudes/comportamentos). Esses três elementos são fundamentais para a constituição das competências necessárias para o desenvolvimento das atividades e para a obtenção de resultados na organização. Os profissionais de hoje assumem novas funções com um ritmo acelerado, antigas funções mudam rapidamente e as demandas de treinamento para que as pessoas simplesmente continuem trabalhando não param de crescer.

As necessidades de desenvolvimento para a geração atual de profissionais são cada vez maiores, uma vez que a transformação das organizações do século XXI está na retenção do capital humano, trazendo o conceito de *organizações de aprendizagem* como fundamental para a agilização do conhecimento e das competências requeridas para a obtenção dos resultados, tornando-se, assim, um diferencial competitivo.

O tema deste livro – *Pessoas e gestão: uma parceria sustentável* – traz conceitos e reflexões quanto ao desenvolvimento das pessoas para atuarem no mercado competitivo, mas também aborda uma contradição acentuada quando se trata da obtenção do conhecimento e da aplicação deste conhecimento. De um lado, o indivíduo precisa se atualizar constantemente e adquirir novos conhecimentos e, de outro, as organizações precisam construir uma política de desenvolvimento permanente, fazendo que as atividades sejam cada vez mais desafiadoras e permitindo que a implementação de novos métodos de trabalho possam ser viabilizados nos processos organizacionais.

É importante que os líderes tenham uma atitude mental voltada para o desenvolvimento de talentos, demonstrando entusiasmo, coragem e determinação ao tomar medidas ousadas necessárias para fortalecer seu *pool* de talentos.

Pessoas talentosas tendem a buscar outra oportunidade quando percebem que não estão crescendo e ampliando suas habilidades.

Nancy Malschitzky

SUMÁRIO

Desenvolvimento pessoal e profissional 15
Eunice Maria Nascimento e Nelcy Teresinha Lubi Finck

Comportamento organizacional 51
Daniele Cristine Nickel e Mozar de Ramos

Gestão estratégica de pessoas 83
Nancy Malschitzky

A remuneração como diferencial na gestão de pessoas 117
Maria Alice Pereira de Moura e Claro

Gerenciamento sem gerentes: a extinção do cargo? 147
Dante Ricardo Quadros

Negociação em ambiente empresarial 173
Kassem Mohamed El Sayed

DESENVOLVIMENTO PESSOAL E PROFISSIONAL

EUNICE MARIA NASCIMENTO • NELCY TERESINHA LUBI FINCK

NA VIDA DE TODOS NÓS, EM ALGUM MOMENTO, O FOGO INTERIOR SE APAGA. ENTÃO SE ACENDE NOVAMENTE QUANDO ENCONTRAMOS OUTRO SER HUMANO. DEVERÍAMOS ESTAR GRATOS A ESSAS PESSOAS QUE REACENDEM O ESPÍRITO INTERIOR.

(ALBERT SCHWEITZER)

Na era dos relacionamentos, o intercâmbio pessoal é fator relevante, pois envolve ação e reação, reforçando a necessidade de um autoconhecimento profundo, uma redescoberta de qualidades, revendo potencialidades e limitações.

Isso acontece com investimento constante na elevação da autoestima, utilizando, assim, os atributos pessoais inerentes à própria estrutura pessoal, sem perder de vista a relevância do processo de desenvolvimento. Este que, por sua vez, é contínuo, pode galgar inúmeras possibilidades e chegar a patamares inesperados, bastando, para isso, acreditar e implementar sonhos em projetos de vida.

Não é difícil pensar na cadeia de causas e efeitos a partir do momento que o ser humano possua autoconsciência, autoaceitação das suas potencialidades e limitações. Segundo o filósofo Immanuel Kant, o autoconhecimento é o início de toda a sabedoria.

Assim que existe essa autoconsciência, o indivíduo é capaz de direcionar sua trajetória, suas necessidades, revendo suas habilidades, comportamentos, atitudes e valores.

PROCESSO DE AUTODESENVOLVIMENTO

Para se entender como funciona o processo de autodesenvolvimento e quais são seus fatores, é importante considerar que o processo de mudança tem início, mas não tem fim; ele é dinâmico e, ao mesmo tempo, contínuo, sendo considerado uma questão de sobrevivência.

Ou se entra com ética e harmonia nessa dança, ficando atento ao ritmo da música e à melodia, ou se fica estagnado. A viabilidade e a velocidade dessa mudança dependerão de fatores como a maturidade, a sensibilidade e a capacidade de adaptação, além de outros fatores essenciais nesse processo, como:

O conhecimento

O saber como base do desenvolvimento. Ressaltando-se que o saber não tem limites, é infinito, é importante acelerá-lo, mantê-lo, retroalimentá-lo, e isso só é possível com interesse, curiosidade, esforço, vontade e ousadia para aprender. A determinação para aprender é mola propulsora, pois o comprometimento e a busca da excelência possibilitam a visualização da compreensão, mostrando a vida em uma dimensão mais ampla.

Pode-se aqui fazer uma reflexão importante: a maioria das instituições de ensino do Brasil tenta ensinar às pessoas o que pensar, e não como pensar. Ao contrário do que disse Francis Bacon, citado por Maxwell (2003), o conhecimento em si mesmo não é poder. O conhecimento tem valor apenas nas mãos de quem tem aptidão para pensar direito. As pessoas devem aprender como pensar bem para realizar seus sonhos e desenvolver seu potencial.

A habilidade

Com capacidade, reconhecimento e plena consciência das habilidades que possui, o indivíduo sente-se seguro em seus propósitos, apto, capaz para atender às expectativas, demonstrando interesse na busca de realizações, de objetivos a serem alcançados. E, assim, é possível fazer acontecer, utilizando as habilidades como fator essencial para o sucesso.

Os autores Schermerhorn Jr., Hunt, e Osborn (1998), em seu livro *Fundamentos de comportamento organizacional*, esclarecem as diferenças entre aptidão e habilidade nos indivíduos. A aptidão representa a capacidade de uma pessoa aprender alguma coisa, enquanto a habilidade reflete a capacidade de uma pessoa em desempenhar várias tarefas necessárias para um dado cargo, ambas incluindo conhecimento relevante e habilidades específicas. Em outras palavras, aptidões são habilidades potenciais, enquanto habilidades são o conhecimento e as habilidades específicas que um indivíduo possui correntemente.

É importante ressaltar que não é fácil fazer acontecer. Significa sair de uma zona de conforto, deixar o conhecido e, principalmente, fazer com que se possam transformar as ideias em ações passíveis de serem colocadas em prática, aproveitando as habilidades existentes e buscando outras para serem utilizadas. No entanto, alguns fatores são preponderantes para o desenvolvimento pessoal, como a capacidade de visualizar os detalhes almejados, como se o projeto já estivesse realizado, imaginando os detalhes e o estado desejado.

Essa imagem cristalina é algo que orientará naturalmente o ser humano no que deve ser feito. Após o primeiro passo, a natureza fará com que os demais aconteçam como se o mundo conspirasse para que o sonho pudesse acontecer.

Maxwell (2003), considerado um dos maiores especialistas em liderança, diz que, se deseja mudar o modo de pensar, o ser humano precisa ser capaz de mudar seus sentimentos. Mudando-se os sentimentos, podem-se mudar as ações e, mudando-se as ações com base no pensamento correto, é possível mudar a vida.

James Allen, filósofo do espírito humano, citado por Maxwell (2003), escreveu que "bons pensamentos e boas ações nunca podem produzir maus resultados, maus pensamentos e ações nunca podem produzir bons resultados. Isso significa que do milho só nasce milho, das urtigas só nascem urtigas". O autor ainda relata que "os homens entendem essa lei no mundo natural e lidam com ela; mas poucos a entendem no plano mental e moral (embora ela opere também nesse plano de maneira tão simples e inequívoca quanto no outro), e, por isso, eles não cooperam".

É preciso que todas as realizações sejam concretizadas de corpo e alma e, principalmente, compartilhadas. Vive-se num mundo muito veloz; para se ter uma atuação efetiva na atual velocidade, não se pode abrir mão do compartilhar e ter uma postura individualizada de fazer tudo sozinho.

É comum a tendência de considerar que os grandes cientistas, os pensadores e, sobretudo, os inovadores agem por conta própria, mas o que a prática tem demonstrado é que a inovação não ocorre no vácuo, e, sim, resulta da colaboração. Fazer o "impossível" se tornar possível somente é passível de ser concretizado quando existe envolvimento integral, fazendo tudo com boa vontade e prazer.

As probabilidades de dar certo aumentam tremendamente quando se é otimista e perseverante. Albert Einstein relatava, em suas conferências, que muitas vezes por dia percebia quanto a própria vida interior e exterior tinha sido construída sobre o trabalho dos seus semelhantes, vivos e mortos, e quanto se esforçou para dar o retorno como agradecimento por tudo que recebeu e que a vida lhe proporcionou. Se uma pessoa tiver ideias e somar com as ideias dos outros, pode surpreender-se com resultados que nunca obteve antes.

É IMPORTANTE A CONCENTRAÇÃO NOS PONTOS FORTES

Em vez de se deixar bloquear por eventuais pontos fracos, ancore-se nos pontos fortes e importantes; se as pessoas pensarem com realismo, compreenderão que existe diferença entre as decisões importantes e as que são necessárias, tendo sempre em mente que, enquanto o pensamento não estiver ligado a um propósito, não haverá realização inteligente.

O escritor, consultor e pensador De Bono (2000) observou com ironia que "conclusão é o lugar em que você se cansa de pensar". Infelizmente, muitas pessoas estabelecem prioridades com base em seus pontos fracos. Se existe um bom conhecimento dos pontos fortes, as tarefas se adaptam às suas aptidões e aos seus talentos inatos. É importante se fazer o que mais gosta e o que faz melhor, não se esquecendo de focalizar as oportunidades que poderão trazer melhor retorno.

DECOLAR E SE APERFEIÇOAR EM PLENO VOO

No mundo corporativo os profissionais não costumam ter uma segunda chance. É preciso ser persistente e fazer as atividades de maneira benfeita já na primeira vez. Com essa atitude o profissional demonstrará seu grau de maturidade e conquistará o meio no qual está inserido, assumindo uma postura de credibilidade ao se pautar em princípios sólidos e éticos.

Execução é a palavra-chave. Os profissionais que falam muito mas não praticam perdem seu espaço. É preciso fazer acontecer com visão sistemática, com integração e principalmente utilizando todas as ferramentas de gestão disponíveis. Os profissionais e as organizações que não perceberem que a capacidade da concretização é o grande diferencial no mundo corporativo ficarão para trás.

CRIAR CONDIÇÕES FAVORÁVEIS

Procurar trabalhar as barreiras positivamente até que elas se enfraqueçam ou desapareçam, em vez de tentar atravessá-las à força. É fundamental refletir se as atividades que estão sendo desenvolvidas no momento são para sair da "caixa" de limitações de modo a explorar ideias e opções para se chegar a importantes descobertas. É essencial olhar para os lados, pensar em situações diferentes, pensar e pensar sobre elas. Essa é uma fórmula que pode ser adotada por todos.

EVITAR PENSAMENTOS NEGATIVOS

Não desperdiçar energia, principalmente se for negativa. Sobrevivência não significa apenas estar vivo, em movimento, continuando a respirar e, sim, algo superior a isso, como um impulso em direção à totalidade e ao profundo desejo de alcançá-la. Significa estar integrado, sem o sentimento e a sensação de estar fragmentado ou limitado.

Considerando que a autorrealização tem como base a criatividade, o entusiasmo e a sensação de plenitude, esta pode gerar uma energia positiva, contribuindo para a evolução do ser humano.

A rejeição, o desapontamento, a insegurança, a dúvida são os sentimentos mais perigosos para o ser humano, pois geram estresse, desencadeando uma série de consequências como atitudes autolimitantes de autopiedade; no início, eles podem ter a função defensiva de proteger contra os desapontamentos; no entanto, devem ser temporários, pois o seu efeito é devastador para o ser humano.

Chopra (1995) relata em seu livro *Energia ilimitada* pensamentos como: "Acho que nunca vou ser completamente feliz, mas, de qualquer modo, quem é realmente feliz?", "Acho que nunca vou atingir minhas metas, mas elas realmente não eram realistas"; "Não sou o tipo de pessoa que pode realmente ser bem-sucedida em alguma coisa".

Segundo o autor, o aspecto mais perigoso dessas atitudes negativas é a maneira como vêm a se refletir na neuroquímica do corpo. Como a conexão mente/corpo está sempre em funcionamento, o pensamento destrutivo acaba por se traduzir em um estado físico destrutivo, como a fadiga crônica. De acordo com Chopra (1995), a inércia é uma sensação física de desapontamento com relação à vida.

AUTOESTIMA – CONFIAR EM SUA FORÇA INTERIOR

De todos os julgamentos que uma pessoa faz, nenhum é tão importante quanto o que faz sobre ela mesma. Segundo Branden (1996), a autoestima é um requisito essencial para uma vida satisfatória, pois afeta crucialmente todos os aspectos da existência: a maneira como se age no trabalho, na vida afetiva, enfim, nas relações com os acontecimentos cotidianos, é determinada por quem e pelo que se pensa que é.

A autoestima é composta por dois sentimentos: de competência pessoal e de valor pessoal. Em outras palavras, é a soma da autoconfiança com o autorrespeito. Ela reflete a capacidade de lidar com os desafios da vida (entender e dominar os problemas) e o direito de ser feliz (respeitar e defender os próprios interesses e necessidades).

Segundo o autor, se alguém entender isso, poderá compreender o fato de que para todos é vantajoso cultivar a autoestima. Não é necessário que as pessoas se odeiem antes de aprenderem a se amar mais; não é preciso sentir-se inferior para que se queira sentir-se mais confiante. Quanto maior a autoestima, mais bem equipada a pessoa estará para lidar com as adversidades da vida; quanto mais flexível, mais resistirá à pressão de sucumbir ao desespero ou à derrota.

Quanto maior a autoestima, maior a probabilidade de ser criativo no trabalho, ou seja, maior a probabilidade de se obter sucesso. Quanto maior a autoestima, mais ambiciosas as pessoas tenderão a ser, não necessariamente na carreira ou em assuntos financeiros, mas em relação às experiências que esperam vivenciar de maneira emocional, criativa ou espiritual.

Ainda é importante ressaltar que, se uma pessoa trabalhar a autoestima, maiores serão as possibilidades de manter relações saudáveis, em vez de destrutivas, pois, assim como o amor atrai o amor, a saúde atrai a saúde, a vitalidade e a comunicabilidade atraem mais do que o vazio e o oportunismo. Se a autoestima estiver equilibrada, a pessoa estará inclinada a tratar as outras pessoas com respeito, benevolência e boa vontade, pois não as verá como ameaça, não as sentirá como estranhas e amedrontadoras.

Chegar ao "sucesso" sem conquistar uma autoestima positiva é ser condenado a sentir-se um impostor que aguarda intranquilo ser desmascarado. Uma das características mais significativas da autoestima saudável é que ela é o estado da pessoa que não está em guerra consigo mesma e com os outros. A importância da autoestima saudável está no fato de que ela é o fundamento da capacidade de reagir ativa e positivamente às oportunidades da vida – no trabalho, nas relações afetivas e no lazer.

Fazer acontecer exige fé. Principalmente em si mesmo. A partir do momento em que o ser humano começa a buscar dentro de si, seu autoconceito inevitavelmente fica menos dependente das opiniões externas. É importante que o ser humano possa desenvolver a sua autorreferência, que significa situar a própria e verdadeira identidade e propósito dentro dela mesma.

ATITUDES

A sabedoria popular diz que uma ação vale mais que mil palavras. As ações são a manifestação das atitudes. Saber agir, como agir e o momento de agir é fundamental para a preservação da imagem pessoal. Um simples gesto pode contribuir positiva ou negativamente para a imagem pessoal e profissional.

ÉTICA

A ética está associada aos valores presentes na conduta profissional. O profissional deve traçar sua trajetória de sucesso e de vencedor, norteada no compromisso, no comprometimento com os resultados, na responsabilidade social, no resgate da dignidade humana, no desenvolvimento da competência técnica e interpessoal.

A conduta deve moldar-se em valores sólidos, e o indivíduo deve saber investir na valorização da ética, das relações de trabalho e também pessoais. Não se trata de padrão moral, mas de respeito, estabelecimento de critérios de justiça, direito, zelo pelo sigilo e lealdade.

Pautar a vida profissional em princípios e valores é um mandamento do profissional, mas vale lembrar que não pode haver diferença entre os valores defendidos e a forma pela qual a pessoa realmente se comporta.

CARISMA

As pessoas carismáticas constituem maravilhosas exceções neste mundo, ao mesmo tempo exaustivo e paradisíaco. Enquanto os outros se massacram, destroem-se, perturbam-se, a pessoa carismática se movimenta irradiando harmonia, transformando problemas em aprendizado, plantando amor e fraternidade.

Identifica-se uma pessoa carismática pela espiritualidade, serenidade e fé manifestas. Com sua humildade e sabedoria, atrai os demais sendo convincente, sensata e amistosa, além de dar o prazer de usufruir a sua companhia, ensinamentos, exemplo de respeito, justiça e amor ao próximo. Com ela se aprende a viver harmoniosamente com as incertezas e as surpresas, encarando-as de maneira natural como parte do processo da vida. As pessoas carismáticas conseguem respeito e credibilidade.

EMPATIA

Empatia é a habilidade de perceber as reações de outra pessoa, conseguindo identificar o que o outro está sentindo, pensando, para compreendê-lo. A empatia é de grande importância na comunicação, pois facilita a compreensão correta da mensagem. Ao se colocar no lugar do outro, podem-se perceber melhor suas necessidades e sentimentos. Ao fazê-lo, aumenta-se a probabilidade de atendê-lo em maior plenitude, compreendendo-o melhor.

CREDIBILIDADE

Está associada à imagem. Como ser acreditado se as ações são respaldadas na "lei do menor esforço", na "lei do tirar vantagem em tudo" ou na falta de ética? Para ter credibilidade, fazem-se necessários a ética, a discrição, a integridade, o profissionalismo, a honestidade, o conhecimento e uma boa imagem.

COMUNICAÇÃO

Na era da informação, se o profissional não sabe se comunicar é preciso exercitar de imediato essa habilidade, pois a comunicação é um dos fatores fundamentais para quem deseja investir no próprio desenvolvimento. Todo ser humano tem a capacidade de se comunicar, entretanto, a qualidade da mensagem transmitida e o entendimento de seu conteúdo muitas vezes deixam a desejar, comprometendo significativamente as relações interpessoais e os resultados organizacionais.

Em todos os momentos estão se transmitindo ou recebendo mensagens verbais ou não verbais. O processo de comunicação tem também uma dimensão temporal, relações presentes e futuras que são estabelecidas em função das nossas interações passadas e relacionamentos no tempo.

Destaca-se outro atributo da comunicação: o processo intrínseco de ajustamento, chamado *feedback*. Quando se fala com alguém, espera-se resposta. Ao receber essa realimentação, passa-se a ajustar o processo de comunicação, tendo em vista a interpretação feita com o *feedback* recebido.

A transformação da mensagem pelo emissor (codificação) como a transformação da mensagem pelo receptor (decodificação) dependem do domínio de um repertório e códigos em comum. É válido ressaltar que comunicação é compartilhar significados, sistemas de classificação e organização dos dados, na emissão ou recepção de mensagens.

A comunicação se estabelece nos níveis intrapessoal e interpessoal. O primeiro está associado às respostas aos estímulos que se verificam dentro de cada um. O segundo se refere à relação do indivíduo com outras pessoas. É, a princípio, no nível intrapessoal que o processo se realiza, pois, na relação entre indivíduos, os valores pessoais estão ativamente presentes.

Para uma comunicação efetiva e com qualidade, é possível seguir algumas etapas, conforme abaixo:

O escutar o outro como ponto essencial

- Enquanto a outra pessoa está falando, não pensar no que vai responder.
- Ter uma atitude de calma, tranquilidade e atenção.
- Ficar atento tanto na comunicação verbal quanto na não verbal.
- O silêncio também é uma forma de comunicação, sendo importante evitar comentários como forma de preencher o silêncio.
- Mesmo não concordando com o assunto, não se deve interromper nem retificar o que o outro está dizendo.

A atenção e o respeito são bases essenciais no processo de comunicação

- É importante não fazer julgamentos precipitados.
- Valores, crenças e pensamentos são diferentes nas relações interpessoais.
- O espaço para expressar ideias, sentimentos, valores e atitudes deve estar presente em todos os momentos.
- É preciso perceber a realidade dela, a partir de referenciais específicos; colocar-se em seu lugar, inclusive sem medo e preconceitos.

- Fornecer *feedback*.
- Os comentários descritivos são os mais adequados e de fácil aceitação.
- Focalizar o *feedback* no comportamento e não na pessoa.
- O *feedback* em observações e fatos é mais eficaz do que inferências.
- O *feedback* deve ser fornecido no comportamento "aqui e agora", não no comportamento abstrato.

O SER HUMANO E SEU PROCESSO DE DESENVOLVIMENTO

O processo de desenvolvimento pessoal é necessário em todas as etapas da vida; a dificuldade está em o ser humano aceitar os desafios que se apresentam, sendo este o primeiro e definitivo passo para tomar as decisões certas para as mudanças, seja na vida pessoal ou na profissional. Quando não se aceita a realidade, está-se abrindo mão do direito de fazer as escolhas importantes e necessárias.

Aceitar não quer dizer que é possível fazer as coisas voltarem a ser como antes. Aceitar não significa estar feliz e contente com os acontecimentos. Aceitar não é aprovar o ocorrido. Aceitar significa ficar aberto às mudanças, rever referenciais e formas de perceber e agir. Quando isso ocorre, sai-se do papel de vítima das circunstâncias para realizar com disposição as mudanças necessárias.

É importante entender que a perfeição não significa "obra acabada"; significa que a pessoa está passando pela experiência que tem de passar, e que a vida presenteia com a oportunidade de decidir e agir, realizando as ações propícias. "Tudo está perfeito" significa você aceitar totalmente a experiência e, em cima disso, implementar as ações oportunas.

Aceitar a realidade como ela é significa olhar para o futuro, para as transformações a serem concretizadas. Só assim as pessoas, equipes e organizações se desenvolvem; a não aceitação significa ficar patinando na busca de soluções que, no máximo, resolverão momentaneamente os efeitos, mas não solucionarão as causas.

No processo de desenvolvimento pessoal, é fundamental entender que a estrutura de personalidade do ser humano tem uma influência decisiva nas várias etapas e, segundo os vários estudiosos da área de Psicologia, como Sigmund Freud, a personalidade é constituída por três grandes sistemas: o Id, o Ego e o Superego.

Embora cada uma dessas partes da personalidade tenha as próprias funções, propriedades, componentes, princípios de operação, dinamismos e mecanismos, elas interagem tão estreitamente que é difícil, senão impossível, desemaranhar seus efeitos e pesar sua relativa contribuição ao comportamento humano. O comportamento é quase sempre o produto de uma interação entre esses três sistemas; raramente um sistema opera com a exclusão dos outros dois.

Para entender um pouco mais, abordar-se-ão essas instâncias de forma separada. O Id é a parte original da personalidade, consiste em tudo que é herdado e se acha presente no nascimento, incluindo os instintos.

Ele está em estreito contato com os processos corporais dos quais deriva a sua energia. Freud chamava o Id de "a verdadeira realidade psíquica", porque ele representa o mundo interno da experiência subjetiva e não tem nenhum conhecimento da realidade objetiva. É o reservatório da energia psíquica e a fornece para a operação do Ego e Superego.

O Ego obedece ao princípio da realidade, evitando a descarga de tensão até ser descoberto um objeto apropriado para a satisfação da necessidade. O princípio da realidade suspende temporariamente o princípio do prazer. O Ego formula um plano para a satisfação da necessidade e depois o testa, em geral com um tipo de ação. Ele é o executivo da personalidade, porque controla o acesso à ação, seleciona as características do ambiente às quais irá responder. É um mediador e integrador das demandas muitas vezes conflitantes do Id e do Superego.

O Superego representa os valores tradicionais impostos pela sociedade, repassados pelos pais e, muitas vezes, atrelados ao sistema de recompensas e punições, funcionando como uma força moral da personalidade. Sua principal finalidade é decidir se alguma atitude é certa ou errada, tendo uma atuação de acordo com os padrões morais da sociedade.

As três instâncias não colidem entre si nem têm propósitos opostos e, sim, trabalham juntas, como se fossem integrantes de uma equipe, tendo como líder o Ego; assim, é importante ressaltar que a personalidade funciona como um todo e não como três instâncias separadas.

Segundo D'Andrea (1987), a personalidade é um tema complexo. Deve-se considerar que não existem duas personalidades idênticas como não existem duas pessoas idênticas, embora muita gente possua traços em comum. O autor ainda afirma que a personalidade é temporal, pertence a uma pessoa que nasce, vive e morre e que, na sua temporalidade, não pode ser considerada uma simples soma de funções vitais, mas uma integração dinâmica cuja resultante se expressa pelo comportamento individual perante estímulos de variada natureza.

O meio, as condições ambientais, sociais, culturais e afetivas nas quais o indivíduo se desenvolve, somando-se aos dados adquiridos na interação hereditariedade-meio, possibilitam o comportamento dele ante as demandas futuras. Dessa forma, o planejamento do processo de desenvolvimento pessoal deve, também, ser individualizado, levando-se em consideração a história de cada um.

A PERSONALIDADE COMO UM PAPEL SOCIAL

Como se viu anteriormente, a personalidade ressalta o papel constituído pelos sentimentos, atitudes e comportamentos que a sociedade espera do ocupante de uma posição na estrutura social. As pessoas tendem a adaptar-se ao papel que lhes foi designado.

É importante ter consciência da estrutura do ser humano. Quando se faz referência ao processo de desenvolvimento pessoal, deve-se ressaltar que uma pessoa desempenha muitos papéis sociais, cada um a seu tempo. Pode-se pensar no papel de criança, filho, estudante, profissional, pai, amigo, namorado, líder, enfim, são inúmeros os papéis que podem ser assumidos; a verdade é que se está sempre desempenhando algum papel social.

Para definir melhor esses papéis, podem ressaltar-se os estudos de Carl Gustav Jung, psiquiatra que, por sessenta anos, dedicou-se, com grande energia e propósito, a analisar os processos vastos e profundos da personalidade humana.

Na visão de Jung, que difere em alguns aspectos da teoria de Freud, a personalidade, o comportamento humano é condicionado não apenas pela história individual, mas também pelas metas e aspirações, sendo que o passado como a realidade e o futuro como potencialidade orientam o comportamento presente.

Para Jung, é preciso olhar para a frente, para a linha do desenvolvimento futuro do ser humano e, também, em retrospectiva, levando em consideração o passado. Segundo as palavras dele, "A pessoa vive por metas, assim como por causas".

Segundo os autores Hall, Lindzey e Campbell (2000), a estrutura da personalidade definida por Jung consiste em vários sistemas diferenciados, mas interatuantes. Os principais são: o Ego, o Inconsciente Pessoal e seus Complexos, e o Inconsciente Coletivo com seus Arquétipos, a Anima, o Animus e a Sombra. Existem ainda as Atitudes de Introversão e Extroversão, as Funções do Pensamento, do Sentimento, da Sensação e da Intuição, sendo o Self, para Jung, o centro de toda a personalidade.

Para Jung, o Ego é a mente consciente, na qual estão registradas as percepções, as memórias, todos os pensamentos e todos os sentimentos conscientes. O Inconsciente Pessoal consiste em experiências, que, em outro momento, emanaram da consciência, mas, no momento, estão esquecidas por nós.

Outra instância que Jung considera relevante são os Complexos, um agrupamento de sentimentos, pensamentos, percepções e memórias que estão registradas e bem guardadas no Inconsciente Pessoal. Em seus estudos, ele relata que esse material reprimido pode se manifestar em qualquer momento e assumir o controle da personalidade, ocasionando um grande sofrimento ao ser humano.

O Inconsciente Coletivo é o reservatório de traços adquiridos, herdados pelos nossos antepassados, sendo resíduo evolutivo do desenvolvimento humano.

O Arquétipo é uma forma universal de pensamento que cria imagens e visões de uma concepção pré-formada, podendo-se utilizar como exemplo a mãe herdada pelo bebê, que é congruente com a mãe real com qual a criança interage.

Um Arquétipo pode ser comparado com um depósito mental permanente de uma experiência que foi repetida constantemente por muitas gerações. Existem muitos arquétipos no inconsciente coletivo: arquétipos de poder, energia, morte, mágica de herói infantil, demônio, sábio, animal e muitos outros.

Dentro das questões abordadas anteriormente, estão alguns arquétipos que evoluíram, como a Persona, a Anima, o Animus e a Sombra. É importante entender a palavra *persona*, de origem grega, significando máscara, ou seja, caracterizando a maneira pela qual o indivíduo vai se apresentar no palco da vida em sociedade.

Portanto, no palco existencial, cada um ostenta sua "persona". Há, porém, uma respeitável distância entre o papel do indivíduo e aquilo que ele realmente é, ou entre aquilo que ele pensa ou pensam que é e aquilo que ele é de fato. O propósito da máscara é causar uma impressão definida nos outros e, muitas vezes, embora não necessariamente, ocultar a verdadeira natureza da pessoa.

Jung nomeou o lado feminino da personalidade do homem e o lado masculino da personalidade da mulher de Arquétipos. O arquétipo feminino no homem é chamado de Anima, e o arquétipo masculino na mulher é chamado de Animus. Eles fazem que cada sexo possa manifestar características do outro sexo, mas também agem como imagens coletivas que motivam cada sexo a responder aos membros do outro sexo e a compreendê-los.

O arquétipo da Sombra representa o lado animal da natureza humana; é responsável pelo aparecimento, na consciência, de pensamentos, sentimentos e ações desagradáveis e socialmente repreensíveis, que podem estar escondidos da visão pública e reprimidos no Inconsciente Pessoal.

O Self é o ponto central da personalidade, em torno do qual os outros sistemas estão constelados. Ele mantém esses sistemas unidos e dá à personalidade unidade, equilíbrio e estabilidade. O Self é a meta da vida, uma meta que as pessoas buscam de maneira incessante, mas raramente alcançam; motiva o comportamento humano e provoca uma busca pela integralidade.

Jung ainda distinguiu duas importantes atitudes ou orientações de personalidade: a atitude de extroversão, orientada para o mundo externo, e a atitude de introversão, orientando o indivíduo para o mundo interno. As duas atitudes estão presentes na personalidade do ser humano; no entanto, uma delas é dominante e consciente e a outra é subordinada e inconsciente.

Além dessas duas disposições básicas, ele reconhece ainda quatro funções associadas a elas: função pensamento, sentimento, sensação e intuição.

Dessa forma, o indivíduo pode ser considerado do tipo introvertido, pensativo ou sensitivo, extrovertido, e assim por diante. Pela tipologia psicológica de Jung, são possíveis oito tipos psicológicos puros, mas, normalmente, cada pessoa dispõe de duas funções predominantes.

DESENVOLVIMENTO PROFISSIONAL

Novos tempos demandam novos papéis.

Empregabilidade, conceito em consolidação no ambiente organizacional, pode ser expressa como a capacidade de uma pessoa para ter trabalho e remuneração. Originada do termo inglês *employability*, a empregabilidade transformou-se em um tema que se encontra no centro de debates acadêmicos e empresariais. Até há pouco tempo, a base do vínculo do empregador e do empregado caracterizava-se por uma "oferta de trabalho" ou de "emprego" vitalício.

Teoricamente, à empresa cabia a maior responsabilidade pela atualização da formação do trabalhador. Como consequência, as organizações construíam fortes vínculos com os funcionários, praticamente assegurando, na admissão, um "contrato psicológico" que incluía segurança mútua e relacionamento duradouro. Hoje, isso é impossível! Nos novos tempos, o contexto empresarial demanda novos papéis a serem desempenhados, tanto por parte do empregador quanto do empregado.

Além disso, exigem, principalmente, velocidade nas modificações organizacionais e, em decorrência, nos perfis dos trabalhadores. Em linhas gerais, são inúmeras as variáveis capazes de aumentar ou diminuir o nível de empregabilidade. Aumentam a empregabilidade, por exemplo, a formação continuada (incluindo-se pós-graduação), as experiências de vida no exterior e as competências essenciais e cognitivas.

Em contrapartida, a empregabilidade encolhe quando há falta de visão de futuro profissional, a carreira é exclusivamente gerenciada pela empresa, a pessoa atua em empresas com métodos de gestão obsoletos ou, então, o indivíduo aprisiona-se numa rede de relação restrita.

Portanto, implica a construção de carreiras sem o patrocínio exclusivo de um único empregador, exigindo investimento pessoal e a construção de bases conscientes, pelo indivíduo, para o desenvolvimento profissional.

Quem conquista a empregabilidade dificilmente se defronta com a situação-limite do desemprego. E, se isso acontece, geralmente o período é curto. Os convites tendem a aparecer, inclusive para troca de endereço profissional, antes do desenlace final. Embora seja, em princípio, bastante atrativa, ela exige uma consciente administração pessoal.

O desenvolvimento da empregabilidade demanda, antes de tudo, talento e esforço para assegurar a manutenção do trabalho e da remuneração. O passo decisivo é a identificação das competências e habilidades requeridas e valorizadas pelo mercado de trabalho.

O segundo passo é desenvolver essas competências e habilidades. Na época histórica atual, caracterizada por ampla, profunda e continuada mudança, o conhecimento técnico fica obsoleto com muita facilidade, ao passo que a evolução da sociedade exige renovada atuação comportamental. Assim, é fundamental que se tenha uma percepção correta sobre o que são habilidades e competências.

COMPETÊNCIAS E HABILIDADES REQUERIDAS PELO MERCADO DE TRABALHO

O que um indivíduo sabe é o seu conhecimento; o que ele consegue fazer é a sua habilidade. As competências são encontradas em profissionais potencialmente bem-sucedidos e podem ser divididas em duas categorias:

- Competências essenciais – compreendem o domínio de conhecimento técnico e a habilidade para colocá-lo em prática. Para gerar empregabilidade, as competências essenciais do indivíduo devem estar alinhadas às necessidades do mercado de trabalho. São exemplos de competências essenciais: o *know-how* (experiência acumulada, atualizada em áreas específicas, como Finanças) e a habilidade em transformar esse conhecimento em algo tangível, que auxilie a gestão da empresa. Claro que uma pessoa pode desenvolver competências essenciais em mais de uma área, e ser *expertise* em outras.

- Competências cognitivas – abrangem o nível emocional do indivíduo e, ainda, a sua capacidade conceitual de perceber e analisar as empresas, as situações e as pessoas de forma ampla. Podem ser consideradas capacidades cognitivas: a visão estratégica do indivíduo em relação à sua empresa e a capacidade pessoal em negociar e contribuir com ideias alternativas.

A competência cognitiva também permite que o profissional mantenha o foco organizacional e empreenda esforços para que a visão de futuro da sua empresa se materialize. São consideradas competências cognitivas, igualmente, a capacidade que o indivíduo demonstra na resolução de problemas, a flexibilidade no trato com as pessoas, o uso da criatividade, entre outras.

Deve-se ter em mente que o desenvolvimento das competências essenciais geralmente alavanca a carreira de uma pessoa nos seus estágios iniciais. A partir de determinado nível hierárquico – gerencial, por exemplo –, o crescimento e o sucesso profissional passam a depender das competências cognitivas. Outro aspecto que deve ser considerado é a cultura da empresa em que a pessoa atua.

Contudo, a empregabilidade deve estar focada no mercado de trabalho e não somente na empresa em que a pessoa trabalha. Quando o indivíduo consegue equacionar – ou pelo menos encaminhar de maneira satisfatória – o desenvolvimento das suas competências essenciais e cognitivas, a sua empregabilidade passa a depender, basicamente, de um único fator: a correta ativação do marketing pessoal.

Reflita sobre as seguintes questões:

- Você tem absoluta noção do seu diferencial de competência para facilitar sua contratação por uma empresa?
- Você gerencia sua carreira de olho em sua empregabilidade?

MARKETING PESSOAL

A primeira impressão é a que fica. Como as empresas, as pessoas também têm algo a "divulgar e vender", o que pode ser observado com maior facilidade nas celebridades – cantores, jogadores, políticos e outros – que empregam os preceitos do que se convencionou chamar de Marketing Pessoal.

Os fundamentos do Marketing Pessoal, de acordo com Kotler (2000), "consistem em atividades empreendidas para se criar, manter ou alterar as atitudes e o comportamento em relação a uma pessoa, visando expor uma personalidade na mente pública".

Evidentemente, um profissional de nível superior pode utilizar-se do Marketing Pessoal para desenvolver a sua empregabilidade e, inclusive, alavancar a carreira. Para tanto, é preciso ativar um plano que considere o profissional um produto, reúna os esforços que visam aproximar e/ou tornar mais eficiente a relação com sua potencial clientela. Na busca desse objetivo maior, pode-se compor um "mix marketing", elencando os tradicionais 5 P's (Pesquisa, Produto, Promoção, Praça e Preço) a serem considerados em seu desdobramento, na busca da empregabilidade.

PESQUISA

Para antecipar-se às mudanças e ganhar uma vantagem competitiva, é aconselhável que um profissional leia todas as boas publicações da sua área (os jornais diários e as revistas semanais são insuficientes nesse aspecto), passe a frequentar as associações de classe (reuniões de almoço, congressos, seminários etc.), faça cursos de atualização, assine jornais e leia as novas publicações.

É igualmente importante que sistematize todas essas informações (recortes, cópias de artigos, informações sobre empresas e pessoas-chave etc.) num arquivo bem organizado onde também estejam guardados os cartões de visitas trocados nesses eventos, anotando no seu verso onde e quando foi o referido encontro e alguma observação especial que possa ser acionada futuramente, se necessário.

PRODUTO

Seguindo a abordagem do Marketing Pessoal, as pessoas não são produtos ou mercadorias de prateleira, mas o benefício que elas oferecem, a partir da sua competência profissional, sim.

Dessa forma, os fatores que podem ser elencados como diferenciais mais ou menos tangíveis do produto são: formação, experiências anteriores, cargos ocupados, treinamentos recebidos, portfólio de realizações, imagem, personalidade, aptidões, credibilidade, domínio de idiomas, viagens, habilidades, competências, conhecimento sobre o negócio e variáveis da mesma natureza.

PROMOÇÃO/PROPAGANDA

Ainda dentro das estratégias de Marketing Pessoal, é muito importante que seja definido tanto o tipo de mensagem a ser passado (iniciativa? liderança? resultados?) quanto o(s) destinatário(s), de modo a tornar o processo mais eficaz. Assim, podem ser acionados os chamados canais informais (ex.: descrever aos colegas uma experiência pessoal anterior que sirva para solucionar determinado impasse, convidá-los a participar de um projeto voluntário, desenvolver empatia, elogiar sinceramente etc.), por meio de mecanismos de comunicação interpessoal, bem como os chamados canais formais.

Nesse sentido, as reuniões de trabalho tornam-se um excelente ponto de promoção, onde apresentações pessoais bem planejadas, oferecimento de ajuda, saber o momento exato de calar e ouvir, apresentar projetos de impacto, mostrar dinamismo e entusiasmo podem fazer diferença.

PRAÇA

"Quem não é visto não é lembrado", diz a sabedoria popular, razão pela qual identificar corretamente os locais e ocasiões de encontros face a face deve constar como plano de ação.

PREÇO

Cada profissional deve olhar seu currículo e se perguntar sobre o que realmente sabe fazer, que tipo de problemas já conseguiu resolver, o que está faltando para ser ainda melhor e, portanto, valer mais no mercado.

MARKETING PESSOAL EM UM PROCESSO SELETIVO

Se você receber um convite para um processo seletivo, procure não complicar a vida da empresa. Por exemplo, se não puder comparecer no horário estabelecido pelo entrevistador, pergunte educadamente se há como alterá-lo. Procure não dizer logo de cara: esse horário não dá, tem outro? Lembre-se, para muitas empresas, você ao telefone já está em processo de seleção:

- Se for impossível comparecer, telefone avisando.
- Chegue ao local com aproximadamente 15 minutos de antecedência.
- Seja educado com todos, desde a secretária até o entrevistador.
- Tatuagens podem representar um problema, por isso devem ser cobertas.
- Procure não mascar chiclete na hora da entrevista.

- Preferencialmente não fume nas horas que antecedem sua chegada à empresa. O cheiro em sua roupa pode eliminá-lo. Não pense que um chiclete de hortelã resolve.

- Evite ficar nervoso. Se ocorrer, use técnicas de relaxamento: respire profunda e calmamente (inspire contando até cinco e solte o ar dos pulmões bem devagar). Faça alongamento para aliviar as tensões ou, ainda, repita lentamente a palavra CALMA, de olhos fechados.

OS HOMENS E O MARKETING PESSOAL

- Segundo uma pesquisa realizada pelo NET Estado, 99,7% dos entrevistadores podem reprovar o candidato pelo uso de cabelos compridos.

- Também pelo NET Estado, 90% dos respondentes disseram preferir candidatos sem barba ou bigode, afirmando que estes têm mais chances de conquistar uma posição de mercado.

- Gravatas com estampas de personagens de desenho são para outras ocasiões, como uma festa de aniversário.

- Calça jeans e camisa social são incompatíveis. Camisa social é para usar com calça social. Além disso, evite usar camisas abrindo mais de dois botões e, de maneira alguma, camisa aberta com correntes embaixo.

- Unhas limpas não garantirão sua vaga. Unhas sujas ou compridas poderão eliminar você.

- Segundo especialistas em moda, o básico do vestuário no homem está em usar cinto, meias e sapatos com cores iguais. Ternos escuros dão confiabilidade profissional.

- Quando não for necessário usar traje social, opte por uma camisa polo e uma calça jeans. Em hipótese alguma, no mundo dos negócios, use bermuda, chinelo ou camiseta regata.

- Lembre-se: a elegância masculina deve ser encarada como a presença de um juiz num jogo de futebol – quanto mais discreta melhor.

AS MULHERES E O MARKETING PESSOAL

- Segundo o Net Estado, os cabelos curtos (não muito longos) de uma candidata são muito bem apreciados por 90,06% dos executivos.
- Uma pesquisa com 1356 executivos (Jornal *Carreira & Sucesso*) revelou que 88,57% dos homens que entrevistam e 94,90% das mulheres que entrevistam preferem candidatas com maquiagem leve; entretanto, apenas 4,81% das mulheres e 10,41% dos homens apreciam mulheres sem maquiagem.
- A mulher deve ter cuidado com falhas na tintura dos cabelos. A pintura deve estar sempre atualizada.
- Deve-se evitar o excesso de joias e bijuterias.
- Brincos, correntes, pulseiras não devem transmitir a sensação de imaturidade, infantilidade (ex.: brincos de pena).
- Nove entre dez entrevistados não suportam futuras funcionárias perfumadas em excesso. Cuidado para não sufocar o entrevistador.
- Cuidado com as unhas. Evite cores fortes nas mãos e nos pés.
- Atenção na hora de se vestir. O mundo dos negócios não requer roupas decotadas, justas, transparentes.

AMBIENTE ORGANIZACIONAL FORMAL

Composto de instituições financeiras, escritórios de advocacia, hotéis, empresas de consultoria e auditoria em geral, e demais empresas similares.

AMBIENTE ORGANIZACIONAL CASUAL

São empresas que, dependendo da ocasião, exigem o traje formal, mas que diariamente utilizam a mistura de roupas sociais e esportivas. São indústrias, empresas automobilísticas (unidade industrial e comercial), escritórios de contabilidade, empresas do ramo comercial – vendas/pesquisas.

AMBIENTE ORGANIZACIONAL INFORMAL

Instituições públicas, escritórios de contabilidade são, no geral, pequenas empresas que demandam serviços internos, sem muito contato com o público.

Reflita sobre as seguintes questões:

1. Penso num plano de desenvolvimento de minha carreira para os próximos cinco anos?
2. Procuro estar sempre atento à melhoria de meus conhecimentos, postura profissional e aparência pessoal?

NETWORKING, UMA PODEROSA FERRAMENTA

> Aquele que não se relaciona não aumenta as suas conexões pessoais, não fica na vitrine, não evolui na carreira – e, às vezes, nem consegue trabalho.
>
> (José Maria Botelho)

O QUE É *NETWORKING*?

Sabe aquele seu amigo, um bom profissional, que você não tem receio de indicar? E aquele outro que se lembra de você toda vez que uma boa oportunidade aparece? E aquele seu antigo professor que está sempre pronto a lhe dar um bom conselho? Sabe aquela pessoa que você encontra no caminho de volta para casa com quem comenta sobre seu trabalho? As pessoas com as quais você sai para um bate-papo depois do expediente ou para o cinema no fim de semana? Um parente que sempre colabora com sua atividade, fornecendo informações preciosas? Os amigos que você está pronto para apoiar e com quem também pode contar? Aquele antigo colega de trabalho que está na empresa para a qual você está oferecendo um projeto e pode lhe ajudar a personalizar a proposta? E também aquele cliente que você deixou satisfeito e vai indicá-lo para outros mais...

Esse é seu *networking*, sua rede de contatos. Essas pessoas podem influenciar suas tomadas de decisão, com conselhos e informações, além de fornecer indicações que lhe trarão boas oportunidades.

Em resumo, *networking* pode ser definido como a formação de um grupo de apoio, ou seja, fazer *networking* é simplesmente conversar com pessoas e contar o que você faz e como faz, seja no trabalho, no lazer ou em seu grupo social. Porque o que pode ajudá-lo não é apenas o que você sabe, mas quem sabe o que você sabe...

Não encare o *networking* como "pedir favores", pois ele não é. Não tem relação direta com a obtenção de emprego. Fazer *networking* é a capacidade de manter relacionamento com pessoas que possam partilhar com você interesses e contatos que lhes tragam benefícios mútuos.

VANTAGENS DO *NETWORKING*

Quando benfeito, além de ganhos pessoais, o *networking* pode lhe trazer uma boa rede de relações à qual você pode recorrer em busca de apoio, oportunidades, parcerias e informações. É o maior de todos os seus recursos e se configura como uma das principais ferramentas para manter sua colocação no mercado, gerando constantemente trabalho e remuneração. Para o consultor José Augusto Minarelli, em entrevista para a revista *Talento no Mundo do Trabalho* (1999), o *networking* é o método mais eficaz de se conseguir uma oportunidade de emprego em época de escassez.

A questão passa a ser como sistematizar essa atividade: o *networking* é um processo evolutivo que deve ser continuado com frequência, senão diariamente. É uma coisa tão natural quanto comer ou dormir. É simplesmente manter contato com as pessoas sem esquecê-las e sem deixar que elas o esqueçam. Isso é possível toda vez que você sai de casa, vai a um restaurante, à padaria. Cada vez que você encontra pessoas, discute com elas alguma informação que o ajude a formar uma opinião sobre qualquer assunto, está fazendo *networking*.

Segundo Minarelli, todos têm uma rede de relacionamento em quantidade maior do que imagina, mas poucos têm o cuidado de registrar esses nomes, para usá-los no momento certo, de forma adequada.

NETWORKING: COMO CONSEGUIR UMA BOA CONEXÃO

A melhor forma de fazer *networking* é disponibilizar seus recursos pessoais, ao mesmo tempo que procura agregar valor aos seus projetos. A atividade de *networking* é uma via de mão dupla, onde os cursos, habilidades e talentos são compartilhados e somados. E, nesse processo, tornam-se públicos, criando e identificando oportunidades no mercado. Para início, valem as regras do planejamento estratégico pessoal e do Marketing Pessoal.

QUANDO AS PESSOAS PROCURAREM VOCÊ

Networking não é uma técnica impessoal e manipulativa de conseguir emprego. É uma forma de melhorar a sua visibilidade no mercado de trabalho e coletar informações importantes que o ajudem a encontrar oportunidades de emprego. Fazer *networking* não é absolutamente promover uma transação, é construir relações, ganhar visibilidade, colher informações e criar impressões favoráveis e duradouras.

Lembre-se de que, muitas vezes, as pessoas precisam que você apenas as ouça. Entretanto, se estiver ao seu alcance, procure orientá-las. Faça um papel de *coach*. Tenha certeza de que essa pessoa, simplesmente por tê-lo procurado, já faz parte de seus contatos.

COMO FAZER O *NETWORKING*, DE FATO, FUNCIONAR

Estabeleça metas e seja específico: que tipo de pessoas e quantas quer encontrar? Precisará de eventos? Quais? Quando acontecem? Saiba aonde você quer chegar e como as pessoas podem ajudá-lo.

Seja objetivo: quando encontrar alguém para fazer *networking*, seja objetivo ao falar de seu trabalho. Nada de exageros. Caso contrário, você perderá contato.

Interesse-se pelas pessoas: é o mais importante. Uma rede de relacionamentos é uma fonte de recursos, mas funciona com base na ação e reação. Quanto mais você oferecer mais receberá de seu grupo. Não é uma questão de troca ou interesse. Mesmo sabendo que irá receber algo em troca, não faça apenas por esse motivo. Faça desinteressadamente. Preocupe-se com o outro. Valorize as pessoas, trate-as com respeito e generosidade.

Vença a timidez: frequente reuniões, envolva-se com inúmeros grupos (do trabalho, da igreja, do clube, do colégio do filho, da faculdade, do bairro). Frequente os programas culturais, cursos, palestras, coquetéis. Estas são ótimas oportunidades de gerar ou estreitar relacionamentos.

Promova seu perfil. Venda-se: nunca perca a chance de falar para um grupo. Se possível, escreva artigos para publicações. Atue em projetos sociais. A exposição pública aumenta sua credibilidade e estimula as pessoas a procurá-lo.

Faça contatos: não tenha medo de se arriscar. Quanto maior seu círculo de contatos, mais possibilidades o aguardarão. Leve a todo lugar seu cartão de visitas. Lembre-se de aniversários, datas e fatos importantes. Retome antigos contatos. Ligue e convide para um almoço ou *happy hour*.

Pergunte sem medo: esqueça o orgulho. Se você quer algo, precisa perguntar. Quando encontrar alguém que possa ajudá-lo e a quem você também possa ajudar, não tenha receio, faça contato.

Cultive sua rede de relacionamento: mantenha contato com as pessoas. Não deixe de passar um e-mail, telefonar, ir ao encontro dessa pessoa periodicamente. Utilize perguntas como: "Como se decidiu por sua carreira?", "Como conseguiu esse emprego?", "Como conquistou seus primeiros clientes?", "Como ficou sabendo daquela concorrência?", "Como escolheu onde passaria suas últimas férias?", "Como conheceu seu marido/sua esposa?". Dessa maneira você abrirá oportunidade de contar o que faz também.

Devolva favores: indique, oriente, ouça e agradeça, sempre!

Atitude: torne o *networking* um hábito em sua vida e colha muito sucesso.

PROCESSO SELETIVO: E AGORA?
SAIBA COMO ELABORAR O SEU CURRÍCULO

O currículo é seu cartão de visitas, sua personalização. Essa é a palavra de ordem quando se fala de currículos. Na internet ou no papel, é possível imprimir o seu estilo pessoal no documento, sabendo destacar seus pontos fortes, palavras-chave que saltem aos olhos do selecionador, destacando seu real interesse em fazer parte de determinada empresa. Pelo mesmo motivo que você não comparece à entrevista malvestido, deve se preocupar com a apresentação do seu currículo: é a sua imagem que está em jogo.

Para uma apresentação adequada de seu currículo, existem alguns itens a serem seguidos:

- deve ser objetivo, sintético e de fácil entendimento;

- deve ser condensado em duas ou três páginas, no máximo;
- deve ser passado por uma revisão cuidadosa do texto antes de seu envio, para corrigir os eventuais erros de grafia ou concordância;
- deve ter atenção especial sobre sua apresentação, cuja digitação também é importante;
- deve estar devidamente atualizado.

PARTICIPANDO DA ENTREVISTA

Algumas informações que podem colaborar para sua performance durante uma entrevista:

- Tente descobrir o máximo de informações possíveis sobre a empresa em que você estará concorrendo à vaga, buscando saber como é sua cultura, seu estilo e como são os seus funcionários.
- Chegue ao local da entrevista ou teste com 15 minutos de antecedência. Antes de entrar, respire profunda e calmamente (inspire contando até cinco e solte o ar dos pulmões bem devagar).
- Olhe de frente para o entrevistador; isso transmite firmeza, credibilidade ao interlocutor e interesse sobre o que está sendo dito.
- Não se apavore! Busque orientações profissionais ou converse com pessoas que já se submeteram a entrevistas, para que possam lhe passar mais tranquilidade.
- Fique atento a todas as possibilidades de falar sobre sua carreira e suas qualificações, porém tenha muito cuidado para não se mostrar convencido ou exagerado.
- Todo ser humano tem defeitos, limitações e também qualidades.
- Pense positivo, sua mente é uma poderosa aliada! Você não está indo para um campo de batalha! Tenha uma atitude mental proativa, o que demonstra autoconfiança e segurança.
- Antes da entrevista, tente imaginar todas as possíveis questões que poderão ser feitas pelo entrevistador e as responda para você mesmo, não esquecendo que as respostas devem ser sintéticas, objetivas e consistentes.

Confira algumas das perguntas mais comuns feitas durante uma seleção:

- Quais são seus objetivos em curto e longo prazo?
- Quando e por que você os estabeleceu e como está se preparando para alcançá-los?
- O que você imagina fazer nos próximos cinco anos?
- O que é mais importante para você: o dinheiro ou o tipo de trabalho?
- Como você descreveria sua personalidade?
- Como você acha que seus amigos ou ex-chefes o descreveriam?
- O que você considera seu principal ponto forte e qual seria sua maior fraqueza?
- Quais são as qualificações que julga ter que farão que seja bem--sucedido no cargo que está pleiteando?
- De que forma você acredita que poderá contribuir para o sucesso de nossa companhia?
- Cite três metas alcançadas que lhe deram grande satisfação.
- Por que você resolveu concorrer a essa vaga?
- Você tem planos para continuar estudando?
- Você certamente já trabalhou sob pressão. Conte como foi essa experiência.
- O que você sabe sobre nossa empresa?
- Cite duas ou três coisas que você considera fundamentais em sua profissão.
- Por que deveríamos admiti-lo?
- Você está disposto a viajar?
- O que você acha que tem aprendido com seus erros?
- Você se considera uma pessoa competitiva, isto é, acha-se atualizado com as exigências do mercado?

Para obter sucesso em uma entrevista seletiva:

- Seja sempre pontual.
- Seja discreto na maneira de se vestir e de se apresentar.
- Faça perguntas que lhe permitam conhecer melhor a empresa onde pretende ingressar.

- Não esconda suas dificuldades quanto a aspectos profissionais.
- Seja claro e objetivo, evitando falar em demasia.
- Não saia da entrevista com dúvidas quanto ao cargo, função, benefícios, horários, a quem deverá se reportar e se existe um plano de carreira.
- Fale de suas habilidades e aptidões com exemplos claros e precisos.
- Procure organizar suas ideias, de modo a formular um discurso coerente.
- Fale de seus objetivos atuais e futuros, tanto profissionais quanto acadêmicos.
- Seja sincero.

PLANEJAMENTO DE CARREIRA

Em um mundo que muda com velocidades estonteantes, o planejamento pode ser a rota mais segura para conquistar aspirações de vida. Planejar é, antes de tudo, decidir como viver e aonde se quer chegar. Não é evitar problemas, mas aprender a superá-los. Não se escolhe o vento, mas podem se posicionar as velas. Isto é planejar!

AUTODIAGNÓSTICO PARA PLANEJAMENTO

- Sei exatamente quais são meus objetivos? Posso descrevê-los?
- Qual o meu nível de compromisso entre o planejado e sua execução?
- Estou gerenciando meus planos de forma sistemática e disciplinada?
- Meus objetivos são a bússola que orienta todas as minhas ações?
- Estou revendo meus métodos para adequá-los à conquista de meus propósitos?
- Meus objetivos são pertinentes? Trarão um maior nível de realização pessoal e profissional?

O QUE FAZEMOS? / O QUE DEVEMOS FAZER?

- Não planejamos. / Aprender a dirigir nossas ações a partir de decisões planejadas.

- Desistimos de nossos objetivos. / Alterar nossos métodos e perseguir nossos objetivos até conquistá-los.
- Atuamos sobre as urgências. / Identificar prioridades e determinar um tempo diário para sua implementação.
- Perdemos o foco no dia a dia. / Anotar o que precisamos fazer e checar, duas a três vezes ao dia, sua execução.

COMO FAZER

- Dominar ferramentas de planejamento pela experimentação de vários métodos.
- Exercitar e priorizar planejamento com o uso sistemático deste e da construção de uma rotina que possibilite uma avaliação diária de resultados.
- Estar atento a mudanças. O planejamento não é um trilho, é uma trilha. Temos que alterar nossos métodos e adequar nossos planos para conquistar objetivos em meio às mudanças inevitáveis do mercado.

MODELO DE UM PLANO DE AÇÃO

Objetivo
O que pretendemos?

Metas
Por que desejamos esse objetivo? Quem será o responsável?
Onde será realizado? Quando será realizado? Quanto vai custar?

Método
Como faremos para alcançar o objetivo?

Revisão
As metas estão sendo atingidas?
Alcançamos nossos objetivos? Por quê?
O que podemos modificar?
Que outros fatores não foram considerados e afetam nossos resultados? Como minimizá-los?

MUDANÇA PESSOAL E PROFISSIONAL

A mudança individual parte de uma premissa básica: as mudanças podem ocorrer no pensar e no sentir. Se ficarem apenas no racional, serão efêmeras (que duram um só dia; de pouca duração; passageiras, transitórias). Quando evoluem para o emocional, tornam-se perenes (que duram muitos anos, que não acabam; perpétuas, imperecíveis, eternas; incessantes, contínuas, ininterruptas). E é isto que buscamos: a permanência da mudança. Para que isso aconteça, é necessária a soma de dois fatores distintos:

A **temporalidade** (que independe do tempo) **do inconsciente** (o conjunto dos processos e fatos psíquicos que atuam sobre a conduta do indivíduo, mas escapam ao âmbito da consciência e não podem ser trazidos a esta por nenhum esforço da vontade ou da memória, aflorando, entretanto, nos sonhos, nos atos falhos, nos estados neuróticos ou psicóticos, quando a consciência não está vigilante).

Mesmo que um fato importante tenha ocorrido há muitos anos, ele foi de tal forma marcante que pode ser vivenciado hoje, com grande intensidade. Portanto, ele é presente. Graças a essa característica, é possível apagar o passado e reescrevê-lo, transformando-o.

A **releitura do passado**, feita por meio da comparação entre o juiz internalizado, que todos têm dentro de si, e o juiz atual, localizado fora da pessoa. Isso é possível graças ao processo transferencial, que também é reeducativo, quando o juiz atual, o externo, é um espelho plano – ou seja, reflete a imagem sem nenhuma distorção. O papel desse juiz externo será representado, na clínica, pelo terapeuta, e, na escola, pelo professor. Na empresa, ele será, sem dúvida, o líder da mudança.

Não existe alteração de comportamento que não seja decorrência de uma insatisfação com a situação atual. O medo é o grande desencadeador do processo de mudança, pois nasce da consciência de que a situação atual corresponde a uma perda – de qualidade de vida, da posição conquistada, de dinheiro, de *status*, de um amor e, em alguns casos, da própria existência.

Mudanças que começam pelo racional: toma-se consciência da possibilidade de que a forma como se veem as coisas não é completa, nem mesmo a mais atual ou correta, e a pessoa é levada a pensar ser possível que outra visão de mundo, uma nova proposta, esteja mais próxima da verdade. Essa tomada de consciência é sempre desestabilizante, pois mostra que a zona de conforto anterior pode ser falsa.

CONSIDERAÇÕES FINAIS

Para concluir, valha-se do pensamento de Jack Welch (2005), que sempre afirmou aos seus colaboradores que cabe ao ser humano assumir a responsabilidade pelo próprio destino, apurando e desenvolvendo suas próprias habilidades. Não vale a pena reclamar do acúmulo de trabalho nem da falta de reconhecimento.

Reclamações não levam ninguém a ser promovido ou reconhecido; pelo menos, não o tipo de reconhecimento que a pessoa que reclama espera receber. Welch realmente acreditava que era necessário criar uma organização que aprende.

Mas ele também acreditava que o seu pessoal deveria estar aberto à aprendizagem e buscar constantemente o aperfeiçoamento individual. Welch insistia com seus gerentes que era mais importante acumular conhecimentos e novas ideias do que títulos ou promoções.

O autor incitava ainda os gerentes a "jogarem no ataque" em relação às suas carreiras. Não fique no banco de reserva, apenas aguardando os acontecimentos; faça as coisas acontecerem. Procure os trabalhos que apresentem desafios, e não as atribuições fáceis. Opte por aquilo que realmente faça diferença, ou seja, as tarefas que são mais importantes para o negócio. Essa é a melhor forma de obter o tipo de visibilidade e reconhecimento que sua ambição o leva a alcançar.

REFERÊNCIAS

BRANDEN, Nathaniel. *Autoestima*: como aprender a gostar de si mesmo. São Paulo: Saraiva, 1996.

CHARAN, Ram.; BOSSIDY, Larry. *Desafio*: fazer acontecer. São Paulo: Negócio, 2002.

CHOPRA, Deepak. *Energia ilimitada*. Rio de Janeiro: Rocco, 1995.

D'ANDREA, Flávio Fortes. *Desenvolvimento da personalidade*. Rio de Janeiro: Bertrand, 1987.

DE BONO, Edward. *Novas estratégias de pensamento*. São Paulo: Nobel, 2000.

HALL, Calvin S.; LINDZEY, Gardner; CAMPBELL, John B. *Teorias da personalidade*. São Paulo: Artmed, 2000.

KOTLER, Philip. *Administração de Marketing*: a edição do novo milênio. São Paulo: Prentice Hall, 2000.

KRAMES, Jeffrey A. *O estilo Jack Welch de liderança*: como obter resultados extraordinários em todas as áreas da sua organização. Rio de Janeiro: Campus, 2005.

MAXWELL, John C. *O pensamento que faz a diferença*. São Paulo: Campus, 2003.

MINARELLI, José Augusto. *Empregabilidade* – como entrar, permanecer e progredir no mercado de trabalho. 23. ed. São Paulo: Gente, 1999.

SCHERMERHORN JR., J. R.; HUNT, James G.; OSBORN, Richard N. *Fundamentos de comportamento organizacional*. São Paulo: Bookman, 1998.

WELCH, Jack. *Paixão por vencer*. São Paulo: Elsevier, 2005.

LEITURAS SUGERIDAS

ARGYLE, Michael. *A interação social*: relações interpessoais e comportamento social. Tradução de Márcia Bandeira M. L. Nunes. Rio de Janeiro: Zahar, 1976.

CHALVIN, D.; EYSSETTE, F. *Como resolver pequenos conflitos no trabalho*. São Paulo: Nobel, 1989.

COVEY, Stephen R. *Os oito hábitos das pessoas altamente eficazes*. São Paulo: Nova Cultural, 2001.

DAVIDOFF, Linda L. *Introdução à psicologia*. São Paulo: Makron Books, 2001.

DIMITRIUS, J.; MAZARELLA, M. *Decifrar pessoas*: como entender e prever o comportamento humano. São Paulo: Alegro, 2000.

DRUCKER, Peter. *A organização do futuro*: como preparar hoje as empresas de amanhã. São Paulo: Futura, 1997.

_____. *Desafios gerenciais para o século XXI*. São Paulo: Pioneira, 2000.

_____. Você está preparado? *Você S. A.* São Paulo, v. 3, n. 26, p. 48-51, ago. 2000.

DUTRA, Joel Souza. *Administração de carreira*. São Paulo: Atlas, 1996.

GAUDÊNCIO, Paulo. *Mudar e vencer*. São Paulo: Gente, 1999.

GLASSER, Willian. *Teoria da escolha*: uma nova psicologia de liberdade pessoal. São Paulo: Mercuryo, 2001.

GOLEMAN, Daniel. *Inteligência emocional*. Rio de Janeiro: Objetiva, 1995.

HALL, S. C.; NORDBY, V. J. *Introdução à psicologia junguiana*. São Paulo: Cultrix, 1993.

HEIDER, Fritz. *Psicologia das relações interpessoais*. São Paulo: Pioneira, 1970.

JOHANN, Sílvio. *Plano de desenvolvimento pessoal*. São Paulo: Fundação Getulio Vargas, 2001.

JUNG, C. J. *O eu e o inconsciente*. Petrópolis: Vozes, 1971.

MARTINELLI, D. P.; ALMEIDA, A. P. de. *Negociação e solução de conflitos*. São Paulo: Atlas, 1998.

MINARELLI, José Augusto. *Empregabilidade*: o caminho das pedras. São Paulo: Gente, 1995.

MOSCOVICI, Fela. *Desenvolvimento interpessoal*: treinamento em grupo. Rio de Janeiro: J. Olympio, 1996.

_____. *Razão e emoção*. Salvador: Casa da Qualidade, 1997.

ROBBINS, S. P. *Administração*: mudanças e perspectivas. São Paulo: Saraiva, 2001.

WAGNER, John A.; HOLLENBECK, John R. *Comportamento organizacional*: criando vantagem competitiva. São Paulo: Saraiva, 2000.

WEISS, D. *Como resolver conflitos no trabalho*. São Paulo: Nobel, 1994.

DISSERAM-VOS QUE A VIDA É ESCURIDÃO; E NO VOSSO CANSAÇO, REPETIS O QUE OS CANSADOS VOS DISSERAM. E EU VOS DIGO QUE A VIDA É REALMENTE ESCURIDÃO, EXCETO QUANDO HÁ IMPULSO. E TODO IMPULSO É CEGO; EXCETO QUANDO HÁ SABER. E TODO SABER É VÃO, EXCETO QUANDO HÁ TRABALHO. E TODO TRABALHO É VAZIO, EXCETO QUANDO HÁ AMOR. E QUANDO TRABALHAIS COM AMOR, VÓS VOS UNIS A VÓS PRÓPRIOS, E UNS AOS OUTROS, E A DEUS.

(GIBRAN KHALIL GIBRAN. *O PROFETA*, 1923)

COMPORTAMENTO ORGANIZACIONAL

DANIELE CRISTINE NICKEL • MOZAR DE RAMOS

O Comportamento Organizacional visa estudar como as pessoas interagem, a fim de que os objetivos organizacionais sejam atingidos. A sua compreensão envolve uma série de elementos. Entre eles, podem-se destacar as características de personalidade, a forma que cada um tem de perceber o seu meio, como lida com as emoções, os processos de aprendizagem, a adaptação às mudanças, além das crenças, valores e das mais diversas situações às quais as pessoas se encontram sujeitas.

Esses elementos individuais afetam diretamente a maneira de as pessoas interagirem diante dos processos organizacionais. Eles influenciam fundamentalmente a motivação, a comunicação, a tomada de decisões e a liderança, que dão vida às organizações e geram resultados.

O COMPORTAMENTO HUMANO NAS ORGANIZAÇÕES

Para se compreender a dinâmica organizacional, é importante, num primeiro plano, entender os fatores individuais que afetam diretamente o processo de interação das pessoas. Sob essa ótica, deve-se considerar que as pessoas são singulares; assim, lidar com tantas diferenças consiste num grande desafio no sentido de convergir interesses diversos em prol de um objetivo comum proposto pela organização. Esse é o maior desafio e, ao mesmo tempo, a maior dificuldade enfrentada pelos gestores.

Os estudos na área do Comportamento Organizacional visam subsidiar os gestores nessa árdua caminhada, de forma a terem êxito no processo. Para tal, lançam mão de estudos realizados em diversas áreas do conhecimento, tais como Psicologia, Psicologia Social, Antropologia, Sociologia, Ciência Política, Administração, entre outras. Constitui-se numa ciência porque as teorias desenvolvidas na área do Comportamento Organizacional baseiam-se em estudos sistemáticos que, por intermédio de métodos científicos, possibilitam realizar inferências.

De acordo com esses estudos, torna-se possível explicar o comportamento das pessoas, mapeando os fatores desencadeadores, prever alguns comportamentos futuros com base na análise desses fatores e controlar situações adversas baseado no entendimento e previsão. É salutar ressaltar que esse controle não deve ser interpretado num sentido pejorativo. Não tem o intuito de se obter uma manipulação do comportamento, mas auxiliar o gestor a convergir interesses diversos em prol de um objetivo comum.

Portanto, pretende-se abordar a compreensão das relações estabelecidas pelas pessoas com as organizações sob uma ótica funcionalista, a qual parte de uma visão harmônica da relação entre o indivíduo e a organização. Desse modo, há a predominância de uma visão reguladora, na qual as relações entre as pessoas e as organizações envolvem uma troca de interesses, o que pode ser visualizado na Figura 2.1.

FIGURA 2.1 • PROCESSO DE INTEGRAÇÃO INDIVÍDUO X ORGANIZAÇÃO

Nessa visão, para que as pessoas estabeleçam um vínculo saudável e permaneçam na organização, é necessário existir uma relação de troca equilibrada – a organização precisa sentir que os seus colaboradores estão agregando valor, tornando possíveis o crescimento, o desenvolvimento e a realização profissional deles.

Caso contrário, aflora uma tendência muito grande de se estabelecerem relações desequilibradas e doentias, nas quais uma das partes sente que está em desvantagem, o que, em curto, médio ou longo prazo, tenderá a gerar frustrações para ambas as partes.

Quando se faz referência às organizações, imediatamente se pensa em indivíduos que fazem parte delas. Esses indivíduos são seres biopsicossociais, o que lhes confere uma complexidade singular. A herança biológica, os traços de caráter, o temperamento, as características de personalidade, a história pessoal, as relações familiares, as origens socioculturais (crenças, valores e normas) deixam sua marca nos eventos e condutas individuais (CHANLAT, 1992).

De acordo com Pagés et al. (1993), vários mecanismos são utilizados para a busca de adaptação das pessoas aos objetivos organizacionais. Esses mecanismos se referem ao aspecto econômico, que gerencia as vantagens concedidas em contraposição ao trabalho; ao ideológico, que demonstra concretamente os valores de consideração pela pessoa, ocultando os objetivos de lucro e dominação; e ao psicológico, o qual favorece o investimento inconsciente na organização.

Os autores também se referem aos processos que objetivam a adaptação do indivíduo à organização. Entre eles, a abstração, que reduz o conjunto das relações sociais à lógica abstrata do dinheiro; a objetivação, que tem como consequência submeter o indivíduo aos objetivos fixados pela organização; a desterritorialização, que busca separar o indivíduo de suas raízes sociais e culturais, a fim de torná-lo mais receptivo ao código da organização.

Um exemplo são os auditores e vendedores obrigados a estar constantemente em viagens. Tal processo faz que percam ou diminuam os vínculos familiares e sociais, tornando-se mais disponíveis para cumprir com a missão da organização. Nesse caso, faz inclusive com que o indivíduo dependa da organização, pois precisa ter algum tipo de laço que lhe dê estabilidade e referência de vida.

Por fim, tem-se a canalização, que transforma o máximo de energia individual em energia de trabalho, por meio da carreira. A canalização cria no indivíduo a necessidade de superação de seus próprios limites para que obtenha possibilidades de sucesso. Pode acabar entrando num ciclo em que a carreira se torna o elemento principal, o que ativa o desejo de fazer mais e melhor, na busca de superar constantemente os resultados anteriores.

Outro exemplo: o colaborador tem a preocupação de atingir as metas individuais e as da equipe de trabalho. Nesse caso, há também a pressão do grupo para o constante desempenho individual, considerando que do desenvolvimento de cada um dos indivíduos dependerá a melhoria de todos. Nesse raciocínio, as pessoas que param de progredir por falta de adaptação consideram-se incompetentes.

As forças que tentam reduzir a variabilidade do comportamento humano, os aspectos econômicos, ideológicos e psicológicos, assim como os processos de abstração, objetivação, desterritorialização e canalização são utilizadas como mediadores na busca da adaptação e do comprometimento do indivíduo.

Pode-se dizer que todos aqueles processos fazem parte da concretização do contrato psicológico, o qual denota um conjunto não explícito de expectativas mútuas das quais as pessoas envolvidas no relacionamento podem não estar conscientes, atuando, em qualquer momento, com todos os membros de uma organização, os diversos dirigentes e outras pessoas dessa organização (SCHEIN, 1991; NADLER; HACKMAN; LAWLER, 1983).

Muitas das expectativas são implícitas e relacionadas com os valores pessoais. Os autores afirmam que o contrato psicológico muda com o tempo, de acordo com as mudanças de expectativas, exercendo uma grande influência no comportamento das organizações e influenciando, dessa forma, todas as ações, quer sejam estratégicas, quer sejam táticas ou operacionais. Esse processo que procura equacionar os objetivos organizacionais com os objetivos individuais também pode ser chamado de contrato social, que parece impossível de ser cumprido integralmente (FOGUEL; SOUZA, 1985).

O contrato psicológico ou social tem como fator relevante a percepção, porque envolve expectativas explícitas e implícitas. Portanto, a satisfação no trabalho, para Nadler, Hackman e Lawler (1983), diz respeito à discrepância de quanto a pessoa recebe em contraposição a quanto acha que deveria receber, sendo essa relação influenciada por suas percepções e comparações em relação ao que as outras pessoas estão dando e recebendo.

Entende-se aqui por quanto a pessoa recebe todos os benefícios, sejam eles financeiros (diretos e indiretos), sociais, culturais, emocionais etc., percebidos pelo recebedor. Portanto, se a organização tiver interesse no que o indivíduo pode oferecer com o seu trabalho, capacidades, competências, considerando-o adequado ao cargo em questão, e o indivíduo visualizar algum ganho, seja material, financeiro ou psicológico, existirá uma relação de interesses mútuos entre o indivíduo e a organização, refletindo no atendimento da expectativa quanto ao desempenho esperado. Para Nadler, Hackman e Lawler (1983), a adaptação e o contrato do indivíduo/organização estão no reconhecimento de que esse é um processo bidirecional.

Segundo Chanlat (1992), apesar de o indivíduo ser caracterizado como um ser biopsicossocial, ele é uno, o que lhe confere a sua especificidade. Toda pessoa tem, ao mesmo tempo, o genérico e o específico. Dois dos traços característicos da espécie de todo ser humano é o pensar e o agir.

Assim, a comunicação e a linguagem são indispensáveis para a compreensão humana. Com base em seu estudo, podem se desvendar as condutas, as ações e as decisões, aprender em profundidade o simbólico organizacional e a identidade individual e coletiva.

PERCEPÇÃO

Consiste na maneira de cada pessoa apreender o que acontece ao seu redor por intermédio dos cinco sentidos – visão, audição, tato, olfato e paladar. Envolve basicamente três estágios: seleção, organização e interpretação do estímulo.

- Seleção – por intermédio do processo de atenção seletiva ocorre a seleção do estímulo, ou seja, consciente ou inconscientemente, a pessoa irá escolher algum estímulo para prestar atenção. Essa escolha tenderá a estar relacionada com as necessidades, valores e interesses relevantes para a pessoa naquele determinado momento. Essa etapa é muito importante, uma vez que as pessoas estão sujeitas a tantos estímulos diariamente, que seria humanamente impossível apreender e decodificar todos.

- Organização – o segundo estágio consiste em organizar o estímulo selecionado. Para que essa organização ocorra, a memória tem um papel importante, uma vez que as pessoas tenderão a fazer relações do estímulo com o que possuem registrado e apreendido.

- Interpretação – a partir dessas relações, é possível a interpretação, a qual se refere ao terceiro estágio do processo. Ela compreende o sentido que a pessoa atribui àquele fato vivenciado de acordo com as suas referências anteriores. Assim, torna-se possível dar sentido, atribuir um significado ao estímulo, transformando-o em informação, que é o fato, a experiência, transformado em algo útil para determinada circunstância, presente ou futura.

Dessa forma, fica evidente que as pessoas não percebem as coisas que acontecem ao seu redor da mesma forma. A interpretação dos acontecimentos depende de muitos fatores – necessidades, interesses, valores, características de personalidade – enfim, da singularidade de cada ser humano.

Esses fatores dão vazão a uma série de interpretações, às vezes condizentes com a realidade e, em outras situações, suscetíveis a distorções. Por exemplo: um homem entrou em um ônibus com seus três filhos pequenos. A mais nova das crianças permanecia o tempo todo agarrada às pernas do pai e chorando. As outras duas corriam dentro do ônibus e, às vezes, brigavam entre si.

O pai parecia indiferente à situação. Os demais passageiros estavam irritadíssimos pela falta de atitude do pai em educar e disciplinar tais crianças, que estavam incomodando a todos. A certa altura, uma passageira levantou-se e dirigiu-se ao pai dizendo: "Por que o senhor sai com três crianças e não está nem aí com elas? Não poderia deixá-las em casa?"

O homem respondeu: "A senhora tem razão, desculpe-me, mas é que a mãe delas acaba de morrer. Estamos vindo do cemitério e não temos parentes com quem eu possa deixar as crianças. Ainda não sei direito como lidar com a situação, estou muito atordoado com tudo isso e acredito que meus filhos também estejam".

Neste momento, toda a atitude de irritação dos passageiros transformou-se em compreensão e solidariedade com aquela família, e o barulho das crianças parecia não incomodar mais ninguém. Essa história ajuda a compreender como muitas vezes acontecem fatos semelhantes dentro de uma organização.

Os funcionários revoltam-se com a empresa por não entenderem as atitudes de seus dirigentes, por não conhecerem os objetivos e política adotada, por não conhecerem as razões dos dirigentes para determinados comportamentos. Os dirigentes revoltam-se com seus funcionários, também por não conhecerem as necessidades pessoais de cada colaborador.

Há valores que precisam ser difundidos por toda uma organização para que as pessoas possam saber com exatidão onde, literalmente, estão pisando. O conhecimento dos aspectos relacionados à percepção é fundamental para o gestor compreender as diferentes formas de interação das pessoas nas organizações. É importante atentar-se para não interpretar fatos isolados, uma vez que, analisando o contexto, isso poderá trazer uma melhor compreensão, mais próxima da realidade.

Isso pode ser fundamentado pelo pressuposto básico da Gestalt: "O todo é mais do que a soma das partes". Assim, não se podem fazer inferências em relação ao todo observando as partes de forma isolada, mas, sim, deve-se considerar a inter-relação das partes para se compreender o todo.

Esse pressuposto é básico para os gestores que lidam com situações, ambientes e pessoas num grau de complexidade e singularidade incomum. As mulheres, de modo geral, possuem uma grande capacidade perceptiva e talvez seja essa uma das razões pelas quais elas estejam tendo uma grande ascensão no mercado de trabalho nos últimos tempos.

PERSONALIDADE

Personalidade se origina da palavra latina *persona*, nome dado à máscara que os atores do teatro antigo usavam para representar seus papéis. O sentido original do termo está bem relacionado ao sentido popular, referindo-se ao atributo ou característica ligada à aparência externa, à impressão que cada um causa nas outras pessoas.

Consiste na forma singular e relativamente constante de cada pessoa pensar, sentir e reagir diante dos acontecimentos cotidianos. A sua formação envolve os fatores genéticos e os adquiridos. Os fatores genéticos, que são hereditários, referem-se ao temperamento (introversão e extroversão), enquanto os adquiridos encontram-se relacionados às experiências que a pessoa vivencia, como as percebe, elabora e integra na formação de sua personalidade.

É importante destacar que, apesar de a estrutura básica da personalidade ser estável, ela não é estática, é dinâmica e flexível, ou seja, busca adaptar-se constantemente de acordo com as circunstâncias vivenciadas pela pessoa.

Assim como se herda a cor do cabelo e dos olhos, estatura, porte físico, pode-se dizer que alguns traços de personalidade relacionados ao temperamento também são herdados. Quanto a esses traços, eles podem adaptar-se a novas circunstâncias, mas não mudam, ou seja, uma pessoa extrovertida pode estar inserida num ambiente organizacional em que não seja possível demonstrar essa característica, e ela acaba canalizando para outros ambientes ou outras atividades.

Percebe-se muito esse fato entre funcionários públicos que, muitas vezes, não têm a possibilidade de fazer exatamente aquilo de que gostam, mas em nome do salário e da estabilidade não têm coragem para se desligarem do órgão público a que estão vinculados. Nesse caso, buscam realização em atividades fora do ambiente de trabalho, de modo que possam aproveitar seus talentos e características pessoais.

Contudo, nem por isso a pessoa perderá suas características pessoais; haverá uma adequação ao ambiente. Como a cor dos cabelos que, por mais que você os pinte de louro, nunca deixarão de ser castanhos, ou dos olhos que, por mais que use lentes de contato azul, continuarão sendo castanhos. Por isso, Argyris (1970) refere-se à personalidade como uma energia, força ou ímpeto que, quando não pode se manifestar de uma maneira, encontra outra forma de expressão.

Já os traços adquiridos dizem respeito à forma de percepção e assimilação das experiências vivenciadas pelas pessoas. Os valores familiares, sociais e culturais influenciam enormemente nesse sentido. Pode-se dizer que o caráter é fruto desse contexto, dos valores repassados pelas pessoas com as quais convive.

De acordo com os estudiosos, existem alguns princípios que auxiliam na compreensão dos fatores que interferem na formação da personalidade:

- Sociabilidade: a personalidade é influenciada pelos valores do meio social e cultural onde a pessoa se encontra inserida. Ex.: alguns valores preconizados por uma tribo indígena são distintos dos preconizados pelos esquimós e pelos ocidentais.

- Dinamicidade: apesar de a personalidade possuir uma estrutura estável, ela é dinâmica, flexível e adaptável às necessidades do meio onde a pessoa se encontra inserida.

- Globalidade: a personalidade inclui elementos inatos, adquiridos, orgânicos e sociais. Assim, os sistemas cognitivo, afetivo e de comportamento são integrados.

- Individualidade: as características de personalidade são singulares. Não existe uma pessoa igual à outra. Podem existir pessoas com alguns traços parecidos, contudo, nunca serão iguais. Como diz D'Andréa (1994), a personalidade é temporal, pertence a uma pessoa que nasce, vive e morre com ela.

Até o momento não existe um consenso entre os estudiosos da personalidade de quanto é hereditário e de quanto é adquirido. Os teóricos comportamentalistas dão uma ênfase muito grande aos aspectos adquiridos pelas experiências de aprendizagem, considerando as pessoas tábulas rasas. Não desconsideram a influência dos fatores hereditários, mas acreditam que ela é muito menor ao ser comparada com as experiências de aprendizagem às quais a pessoa está sujeita.

> Personalidade é a resultante psicofísica da interação da hereditariedade com o meio, manifestada através do comportamento, cujas características são peculiares a cada pessoa (D'ANDRÉA, 1994).

Na interação com os outros indivíduos, a personalidade das pessoas vai se construindo, por meio da relação que mantêm com o outro pelo jogo da identificação, sendo que todo processo de interação mobiliza processos psíquicos. Esses processos situam-se na origem do desenvolvimento cognitivo e afetivo do ser humano. Assim, a vida psíquica exerce um papel fundamental no comportamento humano de ordem individual ou coletiva.

Para D'Andréa, os dados biopsicológicos herdados, as condições ambientais, sociais e culturais em que o indivíduo se desenvolve, os dados adquiridos na interação hereditariedade-meio, as características e condições de funcionamento do indivíduo, nessa interação, devem todos ser considerados, possibilitando previsões a respeito do comportamento das pessoas em situações futuras. Essa compreensão e previsão em relação ao comportamento são fundamentais para o processo de gestão.

PSICOPATOLOGIA

Em virtude do contexto a que as pessoas atualmente se encontram submetidas, o qual é marcado por constantes pressões e mudanças, alguns comportamentos anormais podem ser desencadeados, uma vez que todos nós possuímos núcleos psicopatológicos, que poderão se manifestar ou não, dependendo da situação. De acordo com Braghirolli (1990), os comportamentos psicopatológicos podem ser liberados quando:

- a pessoa frequentemente se encontra em situações de alta tensão;
- associados a momentos de importantes decisões;
- existe a necessidade de ajustamento e adaptação às condições impostas pela organização em relação a regras, normas e valores para o desempenho de papéis no cargo ocupado.

A Psicopatologia compreende o estudo do funcionamento anormal da personalidade. A diferença entre o normal e o patológico refere-se à **intensidade** (grau) em que o comportamento aparece, e não à **qualidade**. Por exemplo, é normal verificar se fechou bem o carro ao estacioná-lo na rua (qualidade do comportamento). Contudo, a partir do momento em que a pessoa volta repetidas vezes para verificar se o carro está bem trancado, a fim de sentir-se aliviada quanto à ideia incômoda da possibilidade de ele não estar bem fechado (intensidade), o comportamento passa do normal para o patológico. Isso ocorre graças à intensidade e não à qualidade do comportamento, uma vez que as ações repetidas buscam um alívio para a angústia. Entretanto, consiste numa "falsa" sensação de alívio, porque outros pensamentos incômodos tenderão a invadir a mente da pessoa, gerando uma reação cíclica.

A doença constitui uma tentativa de ajustamento, numa falsa estratégia para fugir de estados angustiosos, sendo também uma forma de fugir da realidade. O objetivo principal é restabelecer o equilíbrio. Genericamente pode ser caracterizada pelas neuroses e psicoses.

NEUROSES

As neuroses compreendem perturbações mais leves, nas quais a pessoa não perde o contato com a realidade e mantém determinada compreensão do seu comportamento.

Entre as neuroses podem-se citar: reação de ansiedade, reação fóbica, reação maníaca, reação de conversão, reação obsessivo-compulsiva.

PSICOSES

As psicoses caracterizam-se por perturbações mais sérias, nas quais a pessoa não compreende a natureza do seu comportamento, perde o contato com a realidade, muitas vezes necessitando de afastamento e hospitalização, porque, no seu convívio, pode tornar-se perigosa para si e para os outros. As psicoses podem ser classificadas em psicogênicas, ou funcionais, e orgânicas, as quais estão ligadas especificamente à deterioração do cérebro e do sistema nervoso.

Entre as principais psicoses psicogênicas ou funcionais têm-se a esquizofrenia, a paranoia, o transtorno bipolar (antigo maníaco-depressivo) e a psicopatia. Entre as psicoses orgânicas têm-se a demência senil, a arteriosclerose cerebral e a psicose alcoólica.

É importante ressaltar que um quadro neurótico ou psicótico nunca se forma com base em um único acontecimento. Para os gestores, o importante é saber que esses comportamentos fazem parte do dia a dia das organizações. Essa atitude permite que se procure adequar o indivíduo à função, de acordo com as suas predisposições e potencialidades.

Para isso, é necessário que o gestor conheça os sintomas das neuroses e psicoses e esteja atento para identificá-los, a fim de tratar o indivíduo da forma adequada e não deixar que uma equipe se estrague pela influência de algo que pode e deve ser tratado.

EMOÇÕES

As emoções fazem parte da nossa vida, interferindo constantemente no processo de interação das pessoas. Pode-se dizer que são inerentes ao ser humano. As suas formas de expressão é que variam de acordo com as características de personalidade, percepções, interesses e formas de aprendizagem. Possuem um papel essencial na sobrevivência e no desenvolvimento pessoal e envolvem três componentes básicos:

- cognitivo: pensamentos, crenças e expectativas que determinam o tipo e a intensidade da resposta emocional;

- fisiológico: mudanças físicas internas no organismo resultantes de alerta emocional (frequência cardíaca e respiratória);

- comportamental: sinais exteriores das emoções que estão sendo vivenciadas (expressões faciais e corporais).

Em razão das diferenças na percepção das emoções pelas diversas culturas, as emoções são classificadas em primárias e secundárias. As primárias são evidentes em todas as culturas; contribuem para a sobrevivência; estão associadas a uma expressão facial distinta. Incluem o medo, a raiva, o prazer, a tristeza, a repulsa, a surpresa, entre outras. As secundárias são combinações das primárias, entre elas, o amor, a submissão, a reverência, o desapontamento, o remorso, o desprezo, a agressividade e o otimismo.

É importante ressaltar que, de acordo com o processo de aprendizagem, as formas de expressão dessas emoções podem ser muito variáveis. Numa situação de demissão, por exemplo, várias poderão ser as formas de manifestação das emoções, independentemente de o sentimento de frustração ser o mesmo. Uma pessoa pode agredir verbalmente, outra se fechar, outra chorar, outra negar, e assim sucessivamente.

Diante de situações difíceis de serem enfrentadas, as pessoas tendem a acionar o que denominamos de mecanismos de defesa, como uma forma de proteção quanto a situações desagradáveis. São maneiras de se proteger da realidade, muitas vezes distorcendo-a. No que se refere à busca de adaptação por parte do indivíduo, conforme a situação de tensão, se os mecanismos de defesa forem utilizados num grau exagerado, poderão gerar efeitos disfuncionais nos requisitos do papel, levando a um falso ajustamento e desviando-se dos objetivos individuais e organizacionais (BERGAMINI, 1982; FOGUEL; SOUZA, 1985).

Entre alguns mecanismos de defesa podem-se citar:

- Afastamento: a pessoa procura se retirar da situação provocadora de tensão. Exemplo: numa discussão entre dois colaboradores do mesmo grupo, um pode deixar o outro falando sozinho.

- Formação reativa: visa esconder da própria pessoa seus verdadeiros desejos, para preservá-lo de uma descoberta acerca de si mesmo que poderia ser bastante dolorosa. Para tal, a pessoa adota uma atitude oposta a esse desejo. Exemplo: numa discussão, um dos colaboradores tem vontade de agredir o outro, mas diz que concorda com o seu ponto de vista, pede desculpas e o abraça.

- Projeção: é o processo pelo qual a pessoa expulsa de si e localiza no outro, pessoa ou coisa, qualidades, sentimentos, desejos que ela desconhece ou recusa a ver em si mesma. Exemplo: durante uma discussão, uma das pessoas envolvidas não dá oportunidade para a outra se expressar e atribui ao outro o fato de não saber ouvir, de não dar espaço para ela falar, apesar de ser ela quem está se comportando dessa forma.

- Racionalização: consiste em explicações aceitáveis e lógicas para justificar um ato, uma ideia, um sentimento ou um comportamento. Exemplo: busca de muitas explicações para justificar o não alcance da meta proposta pela empresa nos últimos três meses.

- Agressão: tentativa de hostilizar ou destruir o obstáculo gerador de tensão. Exemplo: numa discussão a pessoa ataca verbalmente o ponto fraco do seu oponente, buscando desestabilizá-lo.

- Repressão: cria um bloqueio ao instinto de modo que este não pode tornar-se consciente ou expressar-se em forma de comportamento aberto. Exemplo: durante uma discussão com seu superior, a pessoa tem vontade de agredi-lo, mas sabe que isso poderia gerar uma série de problemas, inclusive desencadear uma demissão. Portanto, reprime tal sentimento.

APRENDIZAGEM

A aprendizagem envolve uma mudança comportamental, ou seja, para se dizer que de fato as pessoas aprenderam, é necessário que passem a manifestar formas diferentes de se comportar. Ao se tratar do Comportamento Organizacional, a aprendizagem tem um papel fundamental no processo de interação das pessoas, de forma que o gestor propicie um ambiente em que ela se desenvolva para atingir os objetivos pessoais e organizacionais.

Pensar diferente, fazer de outra forma, isso envolve mudança. Para que ela se processe, é necessário que os novos valores a serem assimilados, os quais se refletirão nas ações observáveis (comportamento), encontrem-se alinhados com os princípios básicos norteadores do comportamento atual da pessoa, de modo que não ocorra a dissonância cognitiva.

Para Merriam e Caffarella (1991), a aprendizagem envolve uma construção multifacetada, na qual a mudança de comportamento é um processo resultante da experiência. Segundo as autoras, para a compreensão da aprendizagem, existem quatro linhas teóricas básicas:

- Behaviorista – trabalha com as suposições de que a aprendizagem se baseia no comportamento, sendo algo observável, ressaltando a importância do meio ambiente e do reforço, ou seja, enfatiza o estudo das relações entre eventos estimuladores, respostas e consequências, preconizando a mensuração e réplica científica. Os conceitos de reforço, extinção e generalização são básicos para explicar a aquisição dos comportamentos. Os seus principais representantes são Watson, Thorndike, Pavlov e Skinner.

- Cognitivista – nela, a aprendizagem é considerada um processo mental que engloba o *insight*, processamento de informações, memória e percepção, portanto, algo não observável, que depende de dados objetivos e subjetivos. Estuda a aprendizagem em função da transformação das informações em processos que auxiliam na tomada de decisões, solução de problemas, interação com os outros, de forma que, por intermédio desse processamento, as informações se tornem úteis para a vida das pessoas. É mais abrangente do que a behaviorista, pois considera que as crenças e a percepção das pessoas interferem no seu processo de apreensão da realidade, pela influência de suas experiências e necessidades. Köhler, Koffka, Lewin, Piaget e Bruner são alguns estudiosos que trabalham com essa abordagem.

- Humanista – relaciona a aprendizagem à ideia do autodesenvolvimento, considerada algo inerente à natureza humana. O foco da aprendizagem é nas necessidades afetivas cognitivas. Roger e Maslow contribuíram muito com essa abordagem.

- Social – nela, a aprendizagem é considerada o resultado da interação com o contexto social. Bandura, Rotter e Vygotsky contribuíram com essa abordagem.

De acordo com Fleury e Fleury (1997), a orientação cognitivista e a behaviorista contribuem muito para o entendimento do processo de aprendizagem nas organizações.

DiBella, Fullmann e Nevis (1999) dividem a aprendizagem em três estágios:

- Aquisição – envolve o desenvolvimento ou a criação de conhecimentos pela experiência direta, e de outras organizações, por contatos com clientes ou treinamentos e formação continuada.

- Disseminação – abrange a multiplicação do que foi aprendido para as pessoas de todos os níveis da organização por intermédio de processos formais e informais.

- Uso – consiste em colocar em prática o que foi adquirido e disseminado pela integração e generalização da informação.

Schein (1991) aborda a aprendizagem na perspectiva cultural. Acredita que as pessoas utilizam os elementos culturais para transmitir valores, crenças e sentimentos, portanto, a partir do momento em que a cultura é norteada por objetivos comuns, ela facilita o aprendizado pela interação das pessoas no grupo.

Kolb (1984) apresenta o modelo da aprendizagem vivencial, na qual enfatiza o papel da experiência no processo de aprendizagem. De acordo com esse modelo, a aprendizagem envolve um ciclo quadrifásico que requer algumas habilidades, tais como:

- Experiência concreta: requer a capacidade de se envolver completa e imparcialmente em novas experiências, isto é, aprende-se "sentindo na pele" por meio da experiência concreta.

- Observação reflexiva: envolve a capacidade de refletir a respeito das experiências a partir de diversas perspectivas. Necessita-se de dados, fatos e percepções para poder apreender a situação.

- Conceituação abstrata: requer a capacidade de criar conceitos abstratos e generalizados que integrem as suas observações em teorias sólidas em termos de lógica, ou seja, só se aprende quando se encontra uma explicação lógica para a situação.

- Experimentação ativa: refere-se à capacidade de utilização dessas teorias para a tomada de decisões e resolução de problemas, testando as implicações dos conceitos em novas situações. Precisa-se entender a utilidade do conhecimento para absorvê-lo.

Segundo o autor, cada pessoa desenvolve um estilo de aprendizagem, priorizando certas habilidades em detrimento de outras, podendo priorizar a abstração sobre a concretude ou a experimentação sobre a reflexão.

Carl Roger (1971), psicólogo clínico norte-americano, contribuiu para a compreensão da aprendizagem com a sua abordagem não diretiva e centrada na pessoa. Segundo ele, as coisas triviais podem ser ensinadas, enquanto as coisas realmente significativas só podem ser aprendidas. Para Roger, a aprendizagem pode ser dividida em dois tipos genéricos.

O primeiro tipo refere-se à aprendizagem voltada para as atividades intelectuais em que o principal objetivo é o desenvolvimento da memória (capacidade de fixar), conservando e revivendo no pensamento, em forma de lembranças, as impressões que atingiram o indivíduo. Nesse caso, não se consideram as experiências afetivas, ou seja, os sentimentos e as emoções, tornando-se, portanto, incompleta e sem sentido para as pessoas.

No outro extremo encontra-se a aprendizagem denominada experiencial, na qual tanto os aspectos cognitivos quanto os sentimentos e as emoções são considerados no processo, interferindo no comportamento e nas atitudes da pessoa.

Para Swieringa e Wierdsma (1992), o autoconhecimento, em relação às suas necessidades, aos comportamentos, às atitudes e aos valores, repercute no potencial de aprendizagem. Diz respeito a saber como e por que se aprende e se deseja aprender. Portanto, segundo os autores, quanto maior o autoconhecimento, maior o potencial de aprendizagem da pessoa. Esse autoconhecimento é adquirido por meio da interação, existindo três níveis: conhecimento do que posso fazer; conhecimento do que sei e conhecimento de quem sou e desejo ser.

De acordo com diversos psicólogos, existe o processo de aprendizagem que ocorre dentro do organismo da pessoa que aprende e as respostas emitidas por essa pessoa, que podem ser observadas e mensuradas. Ao se tratar do tema aprendizagem, torna-se necessário diferenciar aprendizagem e aquisição de conhecimento. A aprendizagem constitui-se em muito mais do que a assimilação de conhecimentos; ela permite que esse conhecimento adquirido proporcione a mudança de comportamento por intermédio da experiência.

Conclui-se, portanto, que a aprendizagem constituiu-se num processo amplo e complexo, ou seja, não envolve somente a mudança do comportamento observável pela sua manifestação externa, mas mudanças nas atividades mentais e afetivas que antecedem ao comportamento e encontram-se relacionadas às crenças e valores.

Fleury e Fleury (1997) também compartilham dessa ideia, trazendo como desafio o fato de a aprendizagem estar fundamentada sobre valores básicos, de forma a gerar novos comportamentos, dando consistência às práticas organizacionais. Para os autores, a aprendizagem não envolve somente a melhor compreensão do que está ocorrendo em seu ambiente externo e interno pela elaboração de novos mapas cognitivos, mas a definição de novos comportamentos que comprovem a efetividade do aprendizado.

MOTIVAÇÃO

A motivação encontra-se relacionada às necessidades, as quais são intrínsecas às pessoas. São os motivos que levam à ação, que fazem que as pessoas emitam esforços em prol de um objetivo. Este assunto será amplamente abordado no capítulo que trata sobre estratégia de remuneração.

Compreendendo melhor o comportamento humano, o gestor poderá lidar de forma mais eficaz com os seus colaboradores. Para tal, torna-se importante considerar os fatores individuais que foram abordados – percepção, emoções, aprendizagem, motivação – e que são de fundamental relevância para a compreensão do processo de interação entre as pessoas.

CULTURA ORGANIZACIONAL

A cultura organizacional é formada por políticas internas e externas, sistemas, crenças, valores e clima organizacional. Ela pode ser entendida como um sistema de significados, partilhados e mantidos pelos membros de uma organização, que a distingue de outras organizações.

Segundo Fleury e Fleury (1997), há vários caminhos para se desvendar a cultura de uma organização. Entre eles destacam-se:

- O histórico das organizações: o momento de criação de uma organização e sua inserção no contexto político e econômico da época propiciam o pano de fundo necessário para a compreensão da natureza da organização, suas metas, seus objetivos.

- Os incidentes críticos pelos quais passou a organização, tais como crises, expansões, pontos de inflexão, de fracassos ou sucessos, também são formadores de sua história. Nesses momentos, o tecido simbólico se revela mais facilmente ao pesquisador, pois certos valores que devem ser preservados ou, pelo contrário, questionados, emergem com maior nitidez.

- O processo de socialização de novos membros: o momento de socialização é crucial para a reprodução do universo simbólico. É por meio das estratégias de integração do indivíduo à organização que os valores e comportamento vão sendo transmitidos e incorporados pelos novos membros.

- As políticas de recursos humanos: têm papel relevante no processo de construção de identidade da organização por serem as mediadoras da relação entre capital e trabalho. Analisando-se as políticas explícitas e principalmente as políticas implícitas de recursos humanos de uma organização, é possível decifrar e interpretar os padrões culturais dessa organização.

- O processo de comunicação: a comunicação é um dos elementos essenciais no processo de criação, transmissão e cristalização do universo simbólico de uma organização. É preciso identificar os meios formais orais (contatos diretos, reuniões, telefonemas) e escritos (jornais, circulares, "memos") e os meios informais, por exemplo, a "rádio peão". O mapeamento dos meios permite desvendar relações entre categorias, grupos e áreas da organização.

- A organização do processo de trabalho: a análise dessa organização em sua componente tecnológica e em sua componente social, como forma de gestão da força de trabalho, possibilita a identificação das categorias presentes na relação de trabalho. Assim, ela é importante para desvendar aspectos formadores da identidade organizacional, além de fornecer o referencial para se decifrar a dimensão político-construtiva do elemento simbólico.

- As técnicas de investigação: derivam das propostas teórico--metodológicas desenvolvidas pelos autores. Na ênfase quantitativa, utiliza-se levantamento de opinião, mediante questionários, escalas, entrevistas etc. Na ênfase qualitativa, utilizam-se dados secundários da própria organização (documentos, relatórios manuais de pessoal, organogramas, jornais etc.). As técnicas mais utilizadas para coleta de dados primários são entrevistas, observação participante e não participante, e dinâmica de grupo com uso de jogos e simulações.

As principais funções da cultura organizacional são:

- transmitir um sentido de identidade;
- facilitar a geração de comprometimento;
- fornecer padrões adequados quanto ao que os funcionários devem fazer e dizer, reduzindo a ambiguidade;
- auxiliar no aprendizado das regras;
- solucionar os problemas de desintegração;
- enfatizar as ideias comuns, valores, padrões e maneiras de trabalhar;
- reproduzir uma ordem natural por consenso, funcionando como um poderoso mecanismo de controle;
- internalizar uma ideia positiva da organização onde todos são iguais, muitas vezes anulando a reflexão.

O desenvolvimento cultural está relacionado ao estágio de desenvolvimento da própria organização. Schein atribui a seguinte correspondência:

- Fase de crescimento

  a) nascimento e estágios iniciais;

  b) sucessão.

- Fase intermediária – surgem subculturas, crises de identidade, perda de objetos-chave, oportunidades para mudança.
- Maturidade: Restritiva a inovações, preservando a glória do passado.

Por fim, há vários mecanismos que fazem parte da cultura organizacional, a qual procura enfatizar ideias comuns, formas de pensar, valores, padrões e maneiras de trabalhar, sendo um poderoso mecanismo de controle para conformar condutas e homogeneizar modos de pensar e viver na organização. É por meio da conquista pelo afetivo que a cultura faz diferença, enquanto forma de controle internalizado (FREITAS, 1991).

PROCESSOS DE MUDANÇA ORGANIZACIONAL

De modo geral, as pessoas têm resistências às mudanças. O que impera é a famosa Lei da Inércia (Física – Primeira Lei de Newton), que diz que todo corpo tende a manter seu estado de repouso ou movimento até que uma força resultante atue sobre ele. Essa lei se aplica perfeitamente às pessoas no que se refere à resistência à mudança. O ser humano, via de regra, não quer mudar. Prefere manter o *status quo*, pois é mais fácil.

Entretanto, se uma pessoa considerar a segunda parte da Lei, que diz que "até que uma força resultante atue sobre ele", começará a ver uma luz no fim do túnel, isto é, então existe a mudança. Mas por que e como fazer essa mudança ocorrer?

É curioso afirmar que as pessoas não gostam de mudanças e, ao mesmo tempo, lembrar que há o seguinte dito popular: "A única certeza que se tem é de que há a mudança". Constantemente, o mundo muda, as pessoas estão mudando. Então, é necessário estar preparado para a mudança, aceitá-la e, muitas vezes, provocá-la, antes que ela aconteça de forma impositiva e, nesse caso, pode ser que não seja da melhor maneira.

Quando o assunto é mudança, não é possível ignorar a palavra processo. Dentro de uma organização, o que normalmente acontece é uma série de pequenas mudanças objetivas ou subjetivas que levam a outras, e assim por diante, formando um processo.

Por exemplo: a vida da funcionária Clotilde mudou por completo após ter recebido a participação nos resultados da empresa. Neste caso, aparentemente, temos a causa e a consequência de uma mudança, mas pode-se usar uma lente um pouco maior e aí muda-se o foco: constatando que a organização estava tendo prejuízos sucessivos, o Conselho Diretor instituiu um sistema de premiação que pudesse estimular os funcionários a gerarem mais resultados para a empresa.

Os funcionários premiados sentiram-se motivados, a equipe inteira melhorou sua performance, estimulada pela possibilidade de também ganhar um prêmio e, consequentemente, a empresa também conseguiu melhorar seus resultados. Observe que é a mesma situação "sistema de resultados", mas pode-se notar o processo de mudança de forma parcial ou ampliada, bem como as causas e consequências.

As constantes mudanças organizacionais geram muitos desafios quanto à capacidade de reação das pessoas, na medida em que exigem um processo de adaptação constante. Por maior que seja a capacidade adaptativa do ser humano, existem limites. Quando as pressões para a mudança são maiores do que sua capacidade adaptativa, o organismo tende a sofrer, principalmente quando o processo de mudança é percebido como um gerador de perdas.

Os processos de mudanças organizacionais incessantes e, muitas vezes, incontroláveis atingem direta ou indiretamente as pessoas, afetando as suas interações dentro das organizações pela necessidade de alterações nas formas de trabalho.

Albrecht (1990) salienta que as mudanças organizacionais, a pressão por resultados satisfatórios e a competitividade são responsáveis pelo aumento nos níveis de estresse, e os seus resultados podem gerar alta rotatividade, absenteísmo, tomada de decisões erradas, baixa produtividade e qualidade, entre outros. Daí a grande importância de desenvolver a capacidade de administrar a pressão, a fim de que não se entre num padrão de comportamento produtor de desequilíbrios físicos ou mentais.

Para Handy (1990), as mudanças organizacionais atuais são descontínuas, diferentes das do passado, em que predominava um padrão de continuidade. Para o autor, os próprios conceitos humanos de mudança devem mudar. De acordo com Peters (1989), as organizações, nesse processo de adaptação, devem fazer do caos um novo modo de vida, de forma a se adaptarem e usufruírem dessas condições instáveis.

Para Fleury e Fleury (1997), as mudanças podem ser caracterizadas como:

- Revolucionárias – quando os novos valores incorporados à organização são antagônicos aos anteriores, gerando um processo radical de destruição dos elementos simbólicos e redefinição completa das práticas organizacionais.

- Graduais – quando os novos valores propostos são complementares aos existentes, ampliando as alternativas existentes para a solução de problemas.

- Aparentes – quando a organização realiza alguma alteração superficial, com a intenção de preservar sua cultura.

De acordo com Fleury e Fleury (1997), a mudança gradual parece ser a mais adequada para o desenvolvimento de uma cultura de aprendizagem; pela incorporação de novos valores de forma menos traumática, a tendência é gerar menos ansiedade, possibilitando a busca de novas alternativas e soluções.

Lewin (1958) sugere uma mudança bem-sucedida que envolve três fases:

- Descongelamento – mudar o estado de equilíbrio (*status quo*), aumentando as forças impulsionadoras e diminuindo as restritivas, ou combinando as duas.

- Mudança – para um novo estado, o que supõe a adoção de novos valores, atitudes e comportamentos; segundo Schein (1991), implica a procura de novas informações e a aprendizagem de novos conceitos relevantes para a situação.

- Recongelamento – visa tornar a nova mudança permanente, estabiliza a nova situação, equilibrando as forças.

As mudanças são necessárias, mas uma das principais dificuldades é saber como preparar os funcionários, os gerentes e os administradores em geral para aceitar e torná-las úteis para o desenvolvimento e eficácia empresarial.

É preciso mudar e, para isso, deve-se reinventar a empresa, para que se torne mais competitiva e produtiva, reavaliando-se seus valores, crenças, padrões e respeito a todos os envolvidos com as atividades da organização.

As mudanças ocorrem porque a sociedade se transforma. Atualmente, já se vive numa sociedade em que o valor do saber, da informação, já supera o valor do capital, pois informação é poder, e poder gera resultados.

De acordo com Paulo Jorge Nazaré Correia (2007), há forças de pressão para a mudança, conforme expostas a seguir.

AS FORÇAS DE PRESSÃO PARA A MUDANÇA

Para que se possa gerir o processo com eficácia é preciso primeiro identificar e compreender as forças de pressão para a mudança estratégica e organizacional. De acordo com Correia (2007), tais forças constituem um sistema de cinco vetores que se interligam e interinfluenciam; no entanto, é possível, em dado período e em dado estágio organizacional, identificar o vetor que se torna dominante na pressão para o processo de mudança e que força a reposição de todos os outros e da organização como um todo.

Esses cinco vetores podem ser agrupados em dois grandes blocos: bloco externo e bloco interno de pressão, isto é, pressão exógena e pressão endógena.

BLOCO EXTERNO DE PRESSÃO
INOVAÇÃO TECNOLÓGICA

Certamente é uma das mais importantes forças de pressão externa, sobretudo em alguns setores específicos. A inovação tecnológica altera processos e a imagem de produtos e serviços, colocando fora de mercado quem não a acompanha.

CONCORRENTES/CLIENTES

O desenvolvimento dos mercados baseia-se na contínua busca de uma cumplicidade dinâmica entre empresas e clientes.

OPORTUNIDADES ENVOLVENTES

As décadas mais recentes têm evidenciado um novo tipo de ação por parte de governos e organizações supranacionais, que se caracteriza pelo desenvolvimento de estímulos à competitividade, compreendida num âmbito global, por contraposição a uma postura protecionista, que era a marca das décadas precedentes. Utilizando vários instrumentos de persuasão, ora sociais, ora econômico-financeiros, essas instituições passaram a ser uma fonte geradora de oportunidades para organizações que se prontificam a processos de mudança rápidos.

BLOCO INTERNO DE PRESSÃO
MOVIMENTOS INTERNOS

As pessoas, social ou profissionalmente, também enfrentam desafios, entendendo-os e respondendo a eles ativamente. Novas competências e novas motivações individuais e de grupo, no interior das organizações, aumentam o nível de exigência sobre o desenvolvimento estratégico e organizacional, funcionando, assim, como importante fator de pressão. Esse fenômeno de empreendimento nasce internamente, mas traz consigo a ameaça de externalização caso a organização não responda de maneira adequada.

VISÃO ESTRATÉGICA

Em consequência de várias condições, certas organizações antecipam a mudança e o desenvolvimento por meio de uma liderança possuidora de visão estratégica que vai além do contexto em que atuam. Essa visão estratégica pode tornar-se a base de revoluções tecnológicas, de segmentação de clientelas e concorrentes e motivação interna e, ainda, fonte influenciadora das orientações de governos e organizações supranacionais.

RESISTÊNCIA À MUDANÇA

A grande dificuldade quanto à mudança consiste na forma pela qual as pessoas a encaram, o que pode ser um fator gerador de resistência. Essa resistência, na maioria das vezes, é proveniente do medo do novo, quando as pessoas sentem que a sua segurança está ameaçada. Muitas vezes, a sensação da ameaça da mudança é pior do que ela própria.

Segundo Silveira (1999), a tensão gerada pelo temor do desconhecido e pelo medo de correr riscos ao inovar pode desencadear um processo de mudanças desgastante.

De acordo com Robbins (1999), a resistência à mudança também tem o seu aspecto positivo, isto é, fornece um grau de estabilidade e previsibilidade ao comportamento. Em contrapartida, tende a atrasar a adaptação e o progresso.

Essa resistência pode se manifestar de forma aberta, imediata, implícita ou adiada, sendo que as duas primeiras são mais fáceis de lidar.

A resistência à mudança pode ser individual, quando relacionada às características humanas básicas, tais como percepções, personalidades e necessidades, ou organizacionais, uma vez que as organizações são, por natureza, conservadoras. As principais razões da resistência individual referem-se aos hábitos (respostas programadas), segurança, fatores econômicos (preocupação de que a mudança altere seu padrão de vida social), medo do desconhecido (substituição do conhecido pela ambiguidade e incerteza) e percepção seletiva (manutenção das percepções intactas).

As razões da resistência organizacional referem-se à inércia estrutural, mecanismo atuante para a produção de estabilidade e manutenção do *status quo*.

Um foco limitado de mudança, ou seja, as mudanças limitadas em subsistemas tendem a ser anuladas pelo sistema maior; inércia do grupo, uma vez que as normas grupais podem atuar como restrição; e ameaça às relações de poder pela redistribuição de autoridade.

Para Pereira (1999), diante da resistência à mudança, podem surgir inúmeras reações psicológicas, entre elas:

- a negação;
- o isolamento;
- o boicote, caracterizado pela resistência agressiva e destruidora;
- a defesa de princípios e posições com rigidez e galhardia, caracterizando a resistência ativa;
- a passividade, quando a pessoa não faz e não deixa os outros fazerem;
- a alienação, quando a pessoa ignora a mudança para não se comprometer;
- a acomodação;
- a exploração, tirando proveito das alternativas que podem dar resultados em curto prazo;

- a participação, assumindo riscos e consequências;
- a influência que, além de participar, inspira os outros a fazerem o mesmo;
- a promoção, aquele que não apenas inspira os valores, mas também os operacionaliza e os transforma em ação;
- a postura proativa, aquele que se antecipa às mudanças e toma as decisões no presente de forma a moldar o futuro.

De acordo com Robbins (1999) e Wagner e Hollenbeck (2006), a resistência pode ser vencida com algumas táticas, a saber:

- Educação e comunicação: consistem em mostrar a lógica da mudança. Essa abordagem é útil quando a resistência à mudança é proveniente da falta de informações ou as informações disponíveis são inexatas.
- Participação: diz respeito ao envolvimento das pessoas afetadas numa intervenção, auxiliando a sua concepção e implementação ativa.
- Facilitação e apoio: referem-se ao fornecimento de treinamento necessário e apoio emocional, os quais podem acontecer por intermédio de reuniões de instrução e sessões de aconselhamento.
- Persuasão oculta: consiste no uso de esforços camuflados de fornecimento de informações.
- Coerção: aplicação de ameaças diretas.
- Negociação e barganha: trocar algo de valor por uma diminuição da resistência.

A percepção da mudança como algo ameaçador pode ser alterada quando existe a ansiedade pela mudança, ou seja, quando é visualizada como um desafio e/ou uma oportunidade (WILLIAMS, 1998).

Tachizawa, Cruz Júnior e Rocha (2001) abordam a questão da mudança nos anos de 1990 e propõem alguns elementos que definem a nova perspectiva:

- criar uma visão do que se pretende ser no futuro;
- desenvolver estratégias;
- criar condições para a mudança com sucesso, por intermédio da conscientização das pessoas sobre as pressões que a organização

vem sofrendo para mudar, fornecendo-se *feedback* do desempenho individual e das atividades da organização, e pela comunicação dos sucessos de mudança;

- criar uma cultura que encoraje a flexibilidade, a autonomia e o trabalho em grupo;
- sublinhar a necessidade e o tipo de mudança;
- planejar e determinar as formas de implementação;
- envolver a todos;
- manter a motivação e o entusiasmo de mudar;
- estimular o melhoramento contínuo – Kaizen. Independentemente do aspecto em que se processe a mudança organizacional, seja ela em relação a atitudes e comportamentos, estrutura, tecnologia ou ambiente físico, de acordo como são percebidas, poderá funcionar como fonte de pressão, gerando resistências e exigindo um esforço para que ocorra a adaptação.

CONSIDERAÇÕES FINAIS

O comportamento das pessoas influi na organização, mas o contrário também é verdadeiro, isto é, o modo como as pessoas são tratadas pela organização, as normas e os valores que nela são vigentes, os tipos de autoridade e poder exercidos são fatores que influenciam as ações pessoais dentro e fora da empresa.

O comportamento organizacional é ditado pelas normas explícitas e implícitas da organização e, para que o indivíduo se adapte, é necessário que esteja atento para perceber tais normas e que aprenda a conviver com elas.

Na medida em que o gestor estiver consciente de todas as leis que influenciam o comportamento organizacional, poderá direcionar tal comportamento de modo a tornar a empresa um lugar mais produtivo, rentável e melhor para os proprietários, funcionários, clientes, fornecedores e sociedade em geral.

REFERÊNCIAS

ALBRECHT, K. *O gerente e o estresse*: faça o estresse trabalhar para você. Rio de Janeiro: Jorge Zahar, 1990.

ARGYRIS, C. *Intervention theory and method*. Reading, Mass.: Addison-Wesley, 1970.

_____. *On organizational learning*. Cambridge: Blackwell Business, 1992.

BERGAMINI, Cecília Whitaker. *Psicologia aplicada à administração de empresas*: psicologia do comportamento organizacional. 3. ed. São Paulo: Atlas, 1982.

BRAGHIROLLI, Elaine Maria et al. *Psicologia geral*. 9. ed. Petrópolis: Vozes, 1990.

CHANLAT, Jean François (Coord.). *O indivíduo na organização*. São Paulo: Atlas, 1992. v. 1

CORREIA, Paulo Jorge Nazaré. *Mudança organizacional no próximo milênio*. Disponível em: <http://www.ipv.pt/millenium/arq13_2.htm>. Acesso em: 30 jul. 2007.

D'ANDREA, Flavio Fortes. *Desenvolvimento da personalidade*. Rio de Janeiro: Bertrand do Brasil, 1994. p. 9-11.

DiBELLA, Anthony J.; FULLMANN, Claudiney; NEVIS, Edwin C. *Como as organizações aprendem*: uma estratégia integrada voltada para a construção da capacidade de aprendizagem. São Paulo: Educator, 1999.

FLEURY, A.; FLEURY, M. T. L. *Aprendizagem e inovação organizacional*: as experiências do Japão, Coreia e Brasil. São Paulo: Atlas, 1997.

FOGUEL, Sérgio; SOUZA, Carlos César. *Desenvolvimento e deterioração organizacional*. 2. ed. São Paulo: Atlas, 1985.

FREITAS, Maria Ester de. Cultura organizacional, grandes temas em debate. *Revista de Administração de Empresas*, São Paulo, v. 31, n. 3, p. 4-9, jul./set. 1991.

HANDY, C. *The age of unreason*. Boston, Mass.: Harvard Business School Press, 1990.

KOLB, David A. *Experiential learning*. Englewood Cliffs, NJ: Prentice-Hall, 1984.

LEWIN, Kurt. Group decisions and social change. In: SWASON, G.; NEWCOMB, T. M.; HARTLEY, E. L. (Eds.). *Readings in social psychology*. Nova York: Holt Rinehart and Winston, 1958.

MERRIAM, Sharan B.; CAFFARELLA, Rosemary Shelly. *Learning in adulthood*: a comprehensive guide. San Francisco, CALIF.: Jossey-Bass, 1991.

NADLER, David A.; HACKMAN, J. Richard; LAWLER, Edward E. *Comportamento organizacional*. Rio de Janeiro: Campus, 1983.

PAGÉS, Max et al. *O poder nas organizações*. São Paulo: Atlas, 1993.

PEREIRA, M. J. B. Pressupostos da mudança. In: *Na cova dos leões*: o consultor como facilitador do processo decisório empresarial. São Paulo: Makron Books, 1999. Cap. 1, p. 3-12.

PETERS, T. *Prosperando no caos*. São Paulo: Harbra, 1989.

ROBBINS, Stephen P. *Comportamento organizacional*. Rio de Janeiro: Livros Técnicos e Científicos, 1999.

ROGER, C. R. *Liberdade para aprender*. Belo Horizonte: Andrade, 1971.

SCHEIN, Edgar H. *Psicologia organizacional*. Rio de Janeiro: Prentice-Hall do Brasil, 1991.

SILVEIRA, Mauro. Você está preparado para mudar? *Você S. A.*, São Paulo, v. 2, n. 14, p. 82-86, ago. 1999.

SWIERINGA, J.; WIERDSMA, A. *Becoming a learning organization*. Wokingham, Inglaterra: Addison-Wesley, 1992.

TACHIZAWA, Takeshy; CRUZ JÚNIOR, João Benjamim; ROCHA, José Antônio de Oliveira. *Gestão de negócios*: visões e dimensões empresariais da organização. São Paulo: Atlas, 2001.

WAGNER III, John A.; HOLLENBECK, John R. *Comportamento organizacional*. São Paulo: Saraiva, 2006.

WILLIAMS, Stephen. *Administrando a pressão para obter o desempenho máximo*: uma abordagem positiva do estresse. São Paulo: Littera Mundi, 1998.

LEITURAS SUGERIDAS

CHANLAT, Jean François (Coord.). *O indivíduo na organização*. São Paulo: Atlas, 1992. v. 1.

FREITAS, Maria Ester de. Cultura organizacional, grandes temas em debate. *Revista de Administração de Empresas*, São Paulo, v. 31, n. 3, p. 4-9, jul./set. 1991.

ROGER, C. R. *Liberdade para aprender*. Belo Horizonte: Andrade, 1971.

WAGNER III, John A.; HOLLENBECK, John R. *Comportamento organizacional*. São Paulo: Saraiva, 2006.

WILLIAMS, Stephen. *Administrando a pressão para obter o desempenho máximo*: uma abordagem positiva do estresse. São Paulo: Littera Mundi, 1998.

GESTÃO ESTRATÉGICA DE PESSOAS

NANCY MALSCHITZKY

GENTILEZA E CARINHO NÃO PODEM SER RESERVADOS APENAS AOS NOSSOS AMIGOS E PARENTES. ASSIM, A SOCIEDADE NÃO MUDARÁ EM NADA. PRECISAMOS NOS APROXIMAR DAS PESSOAS ESTRANHAS, NÃO APENAS DAQUELES QUE SE PARECEM CONOSCO. SE CONSEGUÍSSEMOS QUE TODO MUNDO REALIZASSE ALGUNS ATOS DE BONDADE DIARIAMENTE, PODERÍAMOS COMEÇAR A MUDAR O MUNDO. NOSSOS DIAS PARECERIAM MAIS SUAVES, ACUMULARÍAMOS PEQUENAS ALEGRIAS E NOSSA ESPERANÇA NO FUTURO SERIA REFORÇADA.

(BRIAN WEISS)

Importante ressaltar que o mundo sofre transformações constantes, e a necessidade de obter e produzir conhecimentos entre as pessoas é cada vez mais presente no desenvolvimento humano e das empresas.

A tecnologia de informação é fator inevitável para a obtenção dos resultados no mundo dos negócios, porém é fundamental que se faça presente a preocupação com a evolução do "ser humano", pois é através dele que o conhecimento é processado e repassado àqueles que precisam de mais conhecimento.

Assim, a cadeia do aprendizado nas organizações se transformará em um grande sistema, no qual as relações se processarão de acordo com o grau de interesse e condução do processo de comunicação adequado, preparando profissionais que atuem com transparência e maturidade.

Na implementação de processos de mudanças, o profissional de Gestão de Pessoas deve exercer influência e impacto sobre as ações a serem implementadas, mediante mudança de comportamento das pessoas para atingirem novos objetivos. É preciso que sejam desenvolvidas competências que tragam confiabilidade de informações e de relacionamento aos dirigentes e colaboradores.

Por essa razão, o profissional de Gestão de Pessoas precisa desenvolver programas voltados aos funcionários que fazem parte do contingente produtivo da organização, precisa estar presente nas decisões estratégicas que norteiam o direcionamento das ações, permitindo-se participar das políticas e estratégias empresariais, assim como fazer parte da definição dos resultados organizacionais.

É preciso mudar a atuação dos métodos empregados, direcionando a responsabilidade de gestão das pessoas para os gerentes que desempenham papéis em níveis hierárquicos estratégicos e táticos.

A missão da área de Gestão de Pessoas deve estar interligada à missão da empresa, oferecendo ferramentas que sejam capazes de auxiliar a tomada de decisões relativas às pessoas, trazendo resultados que favoreçam a obtenção de resultados para a organização.

Portanto, cabe ao profissional de Gestão de Pessoas oferecer seu conhecimento e experiência no que se refere ao desenvolvimento organizacional, diagnosticando os problemas sob o enfoque do gestor, bem como dos colaboradores. Assim, será possível encontrar alternativas viáveis para serem implementadas com menor resistência e maior comprometimento com os resultados.

É importante conhecer como se processaram as mudanças nas funções da área de Recursos Humanos no decorrer de um século e quais foram as transformações necessárias para atender a uma nova realidade, exigente de novos procedimentos e ações que atendessem ao desenvolvimento de novas competências dos responsáveis pela condução das pessoas nas organizações.

AS MUDANÇAS E TRANSFORMAÇÕES NA ÁREA DE RH PARA A GESTÃO DE PESSOAS

ERA DA INDUSTRIALIZAÇÃO CLÁSSICA (DE 1900 A 1950)

Na era industrial clássica, considerada no período de 1900 a 1950, as estruturas organizacionais sofreram mudanças formidáveis. Passaram do processo puramente artesanal e empírico para um modelo mais mecanicista e estruturado cientificamente. Como consequência, as pequenas organizações deram lugar a complexos industriais nos quais surgiram novas necessidades de gerenciamento e controle.

Inicialmente foi implementada uma forte burocratização, mecanização dos processos. A grande disponibilidade de contingente humano, com pouca qualificação, abundante e barato, é considerada mão de obra, sem levar em consideração as relações humanas no trabalho. Apenas nas décadas de 1920 e 1930 começam a aparecer as ideias humanistas que buscam uma reorganização do modelo da força de trabalho (GIL, 2001; CHIAVENATO, 1999).

Qual é o papel do RH?

A necessidade de controle das pessoas nas fábricas exigiu a criação do "Departamento de Pessoal", passando, nesse período, a atender a novas exigências como o treinamento na tarefa, uma vez que as novas máquinas instaladas requeriam habilidades das pessoas para sua operacionalização. Com isso, surgiu uma nova denominação da área responsável pelas pessoas: "Departamento de Relações Industriais".

ERA DA INDUSTRIALIZAÇÃO NEOCLÁSSICA (DE 1950 A 1990)

No período de 1950 a 1990, considerado a era neoclássica da industrialização, os processos de produção e gestão passam da produção em massa para a qualidade e a competitividade, exigindo fortemente uma nova postura de administração. Como consequência mudam os modelos de estruturas organizacionais até então altamente verticalizados para modelos mais horizontalizados, menos rígidos e com controles setorizados.

A relação aplicada à força de trabalho passa a ser denominada "Recursos Humanos" (GIL, 2001; CHIAVENATO, 1999).

Qual é o papel do RH?

No período que abrange essa era, a antiga concepção de Relações Industriais foi substituída por uma nova maneira de administrar pessoas, a qual recebeu o nome de "Departamento de Recursos Humanos"; aqui a preocupação com as pessoas começou a apresentar novas características. Surgiram os processos de RH para atender às necessidades de captação e seleção de candidatos, cargos e salários, segurança e higiene no trabalho e treinamento e desenvolvimento (T&D), para satisfazer as novas exigências do mercado.

Com a transformação constante das mudanças, ainda nessa era, o trabalho passou a ter um novo formato que exigia a criatividade e inovação para gerar vantagem competitiva no mercado globalizado. Com isso, as pessoas passaram a ser consideradas seres vivos inteligentes e capazes de participar dos processos com ideias e sugestões. Assim, surgiu a "Gerência de Gestão de Pessoas", responsável pela realização dos sistemas de RH necessários para a colocação e permanência das pessoas em um ambiente favorável à realização do trabalho com qualidade e produtividade.

ERA DA INFORMAÇÃO – ERA DO CONHECIMENTO (APÓS 1990)

De acordo com Gil (op. cit.) e Chiavenato (op. cit.), no final do século XX até a atualidade, considerado na administração como a era do conhecimento, o processo industrial até então dominante dá lugar ao mercado de serviços.

A permanência de mudanças e atualizações constantes para atender ao novo nível de exigências no mercado requer a criação de um modelo de gestão focado em conhecimento. Para tanto, é necessário o desenvolvimento de novas competências capazes de atender ao novo desenho das organizações e do aproveitamento do potencial das pessoas.

Qual é o papel do RH?

Essa era foi marcada pela evolução da tecnologia da informação, que promoveu condições básicas para o surgimento da globalização da economia. A competitividade passou a ser a mola mestra entre os mercados mundiais, exigindo outras competências das pessoas para atuarem nessa nova realidade.

Atuar com Gestão de Pessoas passou a ser uma solução para as organizações inteligentes, uma vez que são as pessoas que geram vantagem competitiva através do desenvolvimento do seu capital intelectual.

O capital financeiro deixa de ser o recurso mais importante, cedendo lugar ao conhecimento. O papel do gerente toma outra trajetória, pois é preciso desenvolver novas competências que favoreçam a utilização do conhecimento para gerar vantagem competitiva para as organizações.

Em consequência dessa nova tendência, a Gerência de Gestão de Pessoas cede lugar a outra abordagem: a "Gestão Estratégica de Pessoas". Ela passa a representar, na estrutura organizacional, um papel de assessoria a todos os demais gestores, gerentes, líderes de equipes, no que diz respeito às estratégias e ferramentas de Gestão de Pessoas capazes de atrair e reter talentos, considerando-os parceiros da decisão das políticas e táticas capazes de manter o incentivo para o desenvolvimento constante das equipes de trabalho.

NOVOS CONCEITOS DE GESTÃO DE PESSOAS

Diante dessas tendências, percebe-se que, enquanto os departamentos de pessoal tradicionais não estiverem preparados para lidar com a elaboração de um Planejamento Estratégico de Gestão de Pessoas, para fazer frente às exigências dessas forças de mudanças, as organizações terão grandes dificuldades em acompanhar as transformações que exigem um novo estilo de gestão.

É preciso que as funções de Gestão de Pessoas estejam voltadas para a cooperação com os gerentes de linha, os executivos e os responsáveis diretos pelo planejamento estratégico da organização, tendo capacidade de fornecer ferramentas adequadas para a atração e retenção dos talentos.

As equipes de Gestão de Pessoas devem atuar como consultores internos, auxiliando e preparando os líderes para o desenvolvimento dos papéis de coordenadores e educadores das pessoas. Dessa forma, as tarefas operacionais e burocráticas são transferidas para empresas especializadas, mediante terceirização dos serviços, enquanto as atividades táticas passam a ser de responsabilidade dos líderes em toda a organização.

O gerente de linha passa a assumir o papel de líder e a desempenhar suas atividades como Gestor de Pessoas, conduzindo sua autoridade para problemas estratégicos, acompanhando o desenvolvimento dos resultados apresentados pela equipe.

As pessoas passam de agentes passivos para agentes ativos e inteligentes que ajudam a administrar os demais recursos organizacionais. Elas passam a ser consideradas parceiras que tomam decisões a respeito de suas atividades, cumprem metas e alcançam resultados previamente negociados para atender às expectativas da organização.

Por isso, os líderes assumem novos papéis e, portanto, é preciso que haja um programa de aprendizagem permanente, capaz de oferecer o desenvolvimento de competências (conhecimentos, habilidades e atitudes) que lhes permitam definir o perfil adequado das pessoas que compõem a equipe de trabalho. Colocando a pessoa certa no lugar certo, executando a atividade certa, acompanhando a *performance* e sabendo como reter os talentos, promover-se-á o diferencial.

O NOVO PAPEL DA ÁREA DE GESTÃO DE PESSOAS

A área de Gestão de Pessoas nunca foi tão imprescindível quanto nos dias atuais, porém terá que enfrentar desafios crescentes para atender ao novo cenário que se apresenta.

Existem alguns aspectos a serem considerados no desempenho das funções do profissional de Gestão de Pessoas. São eles:

- O profissional desta área precisa estar totalmente aberto à atualização de competências necessárias para acompanhar a evolução do negócio da organização e do mercado em que atua. Por isso, precisa estar atualizado com o que se passa no setor, na empresa e no mundo, ou seja, deve possuir uma visão sistêmica.

- O grande papel do profissional de Gestão de Pessoas é estar à frente do processo de fazer a organização aprender a aprender. Criar processos de aprendizagem que propiciem o desenvolvimento constante das pessoas, auxiliando na obtenção dos resultados.

A grande ênfase a ser dada nos processos de Gestão de Pessoas diz respeito aos aspectos comportamentais. As questões técnicas têm uma importância menos relevante, uma vez que as soluções podem estar facilmente à mão, desde que haja recursos para adquiri-las. Entretanto, o fundamental é fazer que as pessoas se disponibilizem a contribuir para que os objetivos sejam alcançados.

Percebe-se, portanto, que esta área, além de mudar seu lugar na estrutura hierárquica, passando de órgão de linha para uma função de *staff*, muda também sua missão, e sua visão passa a ser estratégica e sistêmica.

A área de Gestão de Pessoas passa a ter um envolvimento estratégico nos seus processos, tendo como composição de suas competências essenciais a elaboração de pesquisa e análise de clima organizacional, a atuação como agente propulsor de mudanças, a elaboração do planejamento de pessoal, a utilização de ferramentas adequadas para captação e seleção de talentos, a implementação do gerenciamento por competências, além de direcionar e atualizar periodicamente o plano de remuneração da empresa.

Assim, criam-se condições para oferecer ferramentas e acompanhar a avaliação de desempenho dos colaboradores, e qualificar e desenvolver as pessoas para a obtenção de competências (conhecimentos, habilidades e atitudes) necessárias para a preservação da missão da organização.

A Figura 3.1 apresenta os processos da área de Gestão de Pessoas. Observa-se que todos esses processos são de vital importância para a captação e manutenção dos colaboradores, porém é verdade também que nem todas as empresas possuem estrutura nem, principalmente, cultura adequada para o desenvolvimento de tais processos.

A cultura organizacional reveste-se de uma importância fundamental, apesar de ser algo invisível, nos rumos de uma organização. Boog (1999) salienta que, na empresa, os níveis Identidade + Relacionamen-

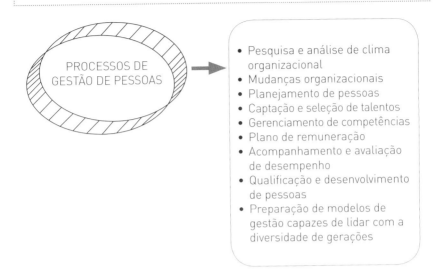

FIGURA 3.1 • PROCESSOS DE GESTÃO DE PESSOAS

tos compõem a cultura da organização. A sua interação constitui o "clima organizacional" existente em determinado momento.

Assim como as pessoas têm sua constituição básica de personalidade e identidade, passando por diversos "estados de espírito" (alegres, tristes, animados, abatidos, entusiastas, deprimidos), a organização também tem seu "clima", ou seja, um estado de espírito que caracteriza sua forma de atuação e percepção em determinado momento.

As pesquisas de clima tornam-se extremamente úteis quando servem como base de informação para a realização de planos de ação que possibilitem a transformação de atividades e atitudes que interferem de forma negativa no resultado da organização. Portanto, as ações devem ser divulgadas e aplicadas sempre que forem identificadas, caso contrário, a aplicação da próxima pesquisa a ser realizada cairá em descrédito perante os colaboradores e dirigentes.

A IMPORTÂNCIA DA CULTURA E DO CLIMA ORGANIZACIONAL NA GESTÃO DE PESSOAS

Trompenaars (1994) define: "Cultura organizacional ou cultura específica nada mais é do que a forma com a qual os grupos se organizaram no decorrer dos anos, para resolver os problemas e desafios apresentados a eles".

A cultura organizacional pode ser definida como um conjunto de valores, crenças e padrões de comportamento que forma o núcleo de identidade de uma organização. A eficácia da organização é bastante influenciada por sua cultura que, por sua vez, afeta a maneira de desempenhar as funções de RH.

Muitos aspectos da cultura organizacional são percebidos mais facilmente, enquanto outros são menos visíveis e de difícil percepção, ou seja, a cultura organizacional mostra aspectos formais e facilmente perceptíveis como política e diretrizes, métodos e procedimentos, objetivos, estrutura organizacional e tecnologia adotada. Porém, oculta aspectos informais como percepções, sentimentos, atitudes, valores, interações informais, normas grupais. Esses aspectos ocultos da cultura organizacional são os mais difíceis de compreender e de interpretar, como também de mudar ou de sofrer transformações.

Em geral, é o fundador da empresa quem define o conjunto de crenças e valores, determina a filosofia, os objetivos e as diretrizes estratégicas e adota os controles que orientam os comportamentos desejados.

Outra consideração é que, por mais que se verifique uma cultura homogênea na empresa, percebe-se também a existência de subculturas dentro de seus limites. Elas podem resultar de situações geográficas, ou do estilo de liderança aplicado por seu gestor. A maneira de se relacionar com os níveis hierárquicos bem como a autonomia para a tomada de decisões variam de acordo com o ambiente predominante existente.

Outro ponto relevante é que a cultura organizacional influencia o clima na organização. Em termos mais práticos, o clima organizacional depende do estilo de liderança utilizado, das políticas e valores existentes, da estrutura organizacional, das características das pessoas, da natureza do negócio e do estágio de vida da empresa.

Para fazer gestão do clima organizacional, é preciso avaliá-lo, medi--lo periodicamente e agir com ações que permitam o desenvolvimento de melhorias contínuas para que as condições físicas e psicológicas sejam favoráveis ao convívio das pessoas que se relacionam na organização. Para que se consiga manter um clima organizacional adequado, deve haver uma transparência de propósitos, em que os colaboradores em todos os níveis tenham confiança e sejam respeitados em relação as suas expectativas futuras.

Assim, a cultura e o clima organizacional dependem da atuação das pessoas que precisam desenvolver competências num ambiente de aprendizagem que favoreça a aquisição, a troca e a aplicação do conhecimento por toda a organização.

PLANEJAMENTO ESTRATÉGICO DE GESTÃO DE PESSOAS

O engajamento da área de Gestão de Pessoas no Planejamento Estratégico da organização passou a ser vital para o sucesso do próprio negócio e, portanto, para a sobrevivência e o desenvolvimento organizacionais. Mas ainda há uma lacuna que pode levantar um questionamento: como a área de Gestão de Pessoas pode interferir no alcance dos resultados da organização?

A questão passa pela responsabilidade que a área de Gestão de Pessoas tem, fazendo que a empresa desenvolva e explicite sua visão de futuro, sua missão e seus objetivos estratégicos, táticos e operacionais. Cabe a esta área o alinhamento das diretrizes estratégicas com as de Gestão de Pessoas. Todas as pessoas precisam saber para onde exatamente elas devem ir, para poderem seguir as metas, direcionando-as ao cumprimento dos objetivos.

O Planejamento Estratégico de Gestão de Pessoas é o processo de antecipar e fazer provisão para a movimentação das pessoas – admissão e demissão, promoção e transferência.

Para compor a base do Planejamento Estratégico de Gestão de Pessoas, é preciso que o profissional da área auxilie os gerentes para que possam responder a algumas perguntas, como:

- As funções da minha área estão sendo preenchidas adequadamente?
- Disponho de pessoal qualificado, competente e de bom desempenho?
- Conheço a capacidade de contribuição de cada um?
- Conheço os talentos das pessoas da minha equipe? Como estou direcionando esses talentos?
- Tenho capacidade instalada aquém ou além das minhas necessidades?

- Minha equipe tem iniciativa e criatividade para enfrentar as mudanças e desafios?
- Tenho pessoas com potencial para assegurar a continuidade da minha área?
- Como estou recompensando meu pessoal?

Tachizawa (2001) salienta a necessidade de levar em consideração dois elementos de análise para o Planejamento de Gestão de Pessoas:

- Análise qualitativa – graus de generalidade, especialização, características das atividades e regimes de trabalho, definição de competências.

- Análise quantitativa – avalia o contingente atual de pessoas, carga horária necessária x quantidade de pessoas disponíveis; avalia as necessidades futuras x aumento do volume de trabalho, desenvolvimento de programas de recrutamento e seleção para atender às necessidades das pessoas e da organização, absenteísmo, rotatividade, acidentes de trabalho, reincidência de erros.

No Planejamento Estratégico de Gestão de Pessoas, seu fluxo é definido mediante decisões/informações em que estão envolvidos os níveis:

- Estratégico: são as decisões relacionadas ao meio externo, tecnologia utilizada e o inter-relacionamento das áreas/unidades da organização; é o nível mais alto da Gestão de Pessoas; considera os cenários socioeconômicos percebidos em todas as áreas, estabelecendo a filosofia e as diretrizes gerais, bem como suas variáveis, buscando estratégicas para minimizar eventuais problemas. As principais decisões são: a) política salarial, plano de carreira, avaliação de desempenho; b) identificar e manter/melhorar o grau de relacionamento do funcionário com a organização; c) utilizar capital humano qualificado x desenvolvimento pessoal ou qualificação pessoal x cultura organizacional.

- Operacional: são as decisões sobre as operações e a forma como são executadas; depende das decisões estratégicas e diretrizes. Nesse nível, há um grau de detalhamento que possibilita a viabilidade na tomada de decisão. Basicamente, é como as decisões deverão ser operacionalizadas para atingir os objetivos definidos, que envolvem recrutamento, seleção, contratação e administração de pessoal.

No processo de Gestão de Pessoas, o planejamento deve ser entendido como um conjunto de ações, visando prover a organização de pessoas adequadas à realização dos trabalhos, em qualidade e quantidade suficientes, com grau de capacitação que atenda às exigências e um nível de satisfação que as mantenha motivadas para a realização dos serviços.

O Planejamento Estratégico pode estar alicerçado em quatro pilares, permitindo alternativas para a tomada de decisões conforme o que foi definido no Planejamento Estratégico Organizacional, como se pode observar na Figura 3.2.

Os quatro pilares que dão sustentação ao Planejamento de Gestão de Pessoas permitem que sejam desenvolvidos os "processos" inerentes à atração e retenção dos talentos capazes de atender à missão e aos objetivos organizacionais.

O "processo de atração de talentos" é composto pela necessidade de alocar pessoas em novos postos de trabalho, fazendo que as transferências de áreas ou funções e as promoções possam ser oferecidas àqueles que têm interesse em desenvolver novos desafios.

FIGURA 3.2 • PILARES DO PLANEJAMENTO ESTRATÉGICO

PLANEJAMENTO ESTRATÉGICO ORGANIZACIONAL	
MISSÃO/VISÃO	VALORES/OBJETIVOS ESTRATÉGICOS

DEFINIÇÃO DE COMPETÊNCIAS ESSENCIAIS	
COMPETÊNCIAS COMPORTAMENTAIS	COMPETÊNCIAS ORGANIZACIONAIS

PLANEJAMENTO DE GESTÃO DE PESSOAS	
ATRAÇÃO DE PESSOAS	RETENÇÃO DE PESSOAS

Necessidade de novas admissões, transferências e promoções.	Mapeamento de competências específicas de cargos e funções. Desenvolvimento de competências	Planos de carreira, remuneração e benefícios.	Acompanhamento de desempenho e planos demissionais.

O "processo de desenvolvimento de talentos" deve se iniciar pela definição das competências essenciais e o acompanhamento da *performance* das pessoas que compõem o quadro de colaboradores da organização. O programa de aprendizagem organizacional deve atender às diferenças entre as competências individuais e empresariais, promovendo o desenvolvimento para a inovação constante.

O "processo de manutenção de talentos" aborda o plano de carreira com base em competências, permitindo aos colaboradores visualizarem a evolução de sua carreira no decorrer do tempo de acordo com sua *performance*. A remuneração e os benefícios também fazem parte da retenção dos talentos na organização, uma vez que os colaboradores que trazem vantagem competitiva para o negócio esperam o reconhecimento justo por parte da empresa.

O "processo de demissão" deve vir permeado pelo acompanhamento frequente do desempenho do colaborador por seu líder imediato, pois é ele quem sabe os motivos por que aquele está sendo desligado do quadro de pessoal da empresa, já que está diretamente ligado ao dia a dia de sua equipe de trabalho.

O Planejamento de Gestão de Pessoas compreende as ações requeridas para modificar a estrutura, relacionamentos e papéis organizacionais e para planejar e implementar programas voltados para o aumento da efetividade da empresa diante das exigências externas e internas. Para tanto, são fundamentais a descrição e divulgação das Políticas de Gestão de Pessoas para todos os colaboradores.

As Políticas de Gestão de Pessoas são regras para orientar os colaboradores em ações permissivas e assegurar que estas sejam desempenhadas de acordo com os objetivos estabelecidos. Cada organização desenvolve suas políticas, adequadas a sua filosofia e as suas necessidades.

Tais políticas descrevem o comportamento dos processos que se referem ao comportamento da cultura organizacional, bem como a maneira com que os indivíduos podem articular-se, tanto na obtenção de seus direitos quanto na condução das regras e procedimentos que devem seguir para cumprir seus deveres. Elas podem ser: política salarial; jornada de trabalho; programação de férias; absenteísmo (faltas, licença etc.); plano de carreira; capacitação do pessoal; flexibilidade de horas de trabalho; benefícios.

O Quadro 3.1 mostra como as Políticas de Gestão de Pessoas podem ser descritas de formas diferentes. O que irá determinar sua validade é a cultura da empresa, uma vez que ela direciona os valores, as crenças, os princípios básicos e, principalmente, a predominância do ambiente de trabalho.

QUADRO 3.1 • FORMAS DE DESCRIÇÃO DAS POLÍTICAS DE GESTÃO DE PESSOAS

POLÍTICA A	POLÍTICA B
Todo o pessoal deve ser contratado em função de sua formação e de seus conhecimentos já adquiridos.	A seleção de todo funcionário obedecerá a um plano de carreira, traçado em função das estratégias e políticas da empresa. Ele será sempre treinado, avaliado e orientado periodicamente.
Os chefes são feitores, capazes de impor a disciplina e de obter a realização das tarefas no menor tempo possível e dentro das especializações exigidas.	Os líderes são professores que ensinam continuamente, avaliam e orientam, escutam e aceitam sugestões de melhorias.
A maioria dos funcionários deve fazer tarefas bem específicas e ser controlada continuamente, para que o chefe possa certificar-se de que tudo está sendo executado de acordo.	Acredita-se que qualquer funcionário deva crescer dentro da cultura e dos conceitos da empresa. Ele está ligado ao processo e não a uma operação específica. Com relação à atividade, ele não somente deverá saber fazê-la, mas também entendê-la no contexto da empresa e do produto, bem ou serviço por ela oferecido.
Os especialistas são contratados em função da experiência anterior em firmas concorrentes. Eles permanecerão na empresa enquanto puderem justificar os altos custos que representam.	Os especialistas são formados na própria empresa, e lhes é dada a oportunidade de aperfeiçoamentos constantes.
A qualificação é fruto de uma avaliação subjetiva, privilegiando apenas algumas pessoas de nível estratégico e tático.	A qualificação e o desenvolvimento são feitos por um programa metódico e comprovado, em todos os níveis da empresa.

FATORES DE MEDIÇÃO QUE INFLUENCIAM O PLANEJAMENTO ESTRATÉGICO DE GESTÃO DE PESSOAS

ABSENTEÍSMO

É a soma dos períodos em que os funcionários se encontram ausentes do trabalho, seja por falta, atraso ou algum motivo interveniente.

A frequência com que os colaboradores se ausentam do trabalho também está diretamente relacionada ao Planejamento de Gestão de Pessoas. Quando os colaboradores faltam, a empresa incorre em custos diretos de salários perdidos e na diminuição da produtividade.

Quando ocorre falta de pessoas, a empresa precisa recorrer à execução de horas extras dos funcionários que estão na ativa ou contratar outros para suprir os ausentes.

Certa quantidade de faltas no trabalho é, naturalmente, inevitável. Sempre há aqueles que precisam faltar por motivo de doença, acidentes, sérios problemas de família ou outras razões legítimas. Porém, o absenteísmo crônico pode ser sinal de problemas mais profundos no ambiente de trabalho.

A área de Gestão de Pessoas precisa estar atenta em manter atualizado periodicamente o cálculo do absenteísmo, para repassar as informações aos gerentes das áreas, com o intuito de tomar decisões apropriadas.

$$\text{Índice de absenteísmo} = \frac{\text{n}^\circ \text{ de pessoas ausentes} \times \text{dias de trab. perdidos por ausência} \times 100}{\text{n}^\circ \text{ médio de colaboradores} \times \text{n}^\circ \text{ dias úteis trabalhados}}$$

ROTATIVIDADE

É o fluxo de entrada e saída de pessoas da organização. O alto índice de rotatividade custa caro para as organizações.

Uma ferramenta de Gestão de Pessoas que pode ser utilizada para detectar as causas da rotatividade na empresa é a entrevista de desligamento. Quando a incidência repetitiva da causa da saída de pessoas de uma mesma área acontece com frequência, isso significa que algo está provocando essa rotatividade; pode ser clima de trabalho, relacionamento com chefia, deficiência no processo de comunicação, falta de treinamento etc. A área de Gestão de Pessoas deverá intervir com ações que diminuam ou eliminem as causas apontadas e, consequentemente, reduzam os custos da rotatividade.

Ao examinar o impacto da rotatividade no Planejamento de Gestão de Pessoas, é de vital importância reconhecer que os índices quantitativos de rotatividade não são o único fator a ser considerado. A qualidade dos funcionários que saem de uma empresa é igualmente relevante.

Se os funcionários "medíocres" saem, o que os especialistas chamam de "rotatividade funcional", isso pode ser benéfico para a organização. Os custos de manter pessoas não produtivas podem ser bem maiores do que os custos para recrutar e treinar um novo funcionário mais eficiente.

Substituir um funcionário requer tempo e é dispendioso. Em geral, os custos podem ser divididos em três categorias: de saída, para o funcionário que está saindo, de reposição e treinamento, para o novo funcionário. Esses custos são estimados conservadoramente como de duas a três vezes o salário mensal do funcionário que está saindo e não incluem custos indiretos, como a baixa produtividade antes de sua saída e a baixa moral e horas extras de outros funcionários em função do cargo vago.

Chiavenato (1999), em seu livro *Gestão de Pessoas*, cita os elementos que compõem o custo da rotatividade de pessoas nas organizações:

- Custo de recrutamento: processamento da requisição do funcionário – análise do requisito da vaga e do perfil do candidato; propaganda – divulgação interna e externa; atendimento aos candidatos; tempo e remuneração dos recrutadores; pesquisas de mercado.

- Custo de seleção: desenvolvimento e aplicação de provas de conhecimento; aquisição e aplicação de testes psicométricos, de aptidão e de personalidade; tempo dos selecionadores; tempo para divulgação dos resultados positivos e negativos; exames médicos e laboratoriais.

- Custos de capacitação: programas de integração; orientação da chefia; custos diretos de capacitação; tempo e custo de instrutores; baixa produtividade durante o treinamento; perda de conhecimento e experiência para outra empresa.

- Custos de desligamento: pagamento de salário e quitação de direitos trabalhistas; programa de benefícios; entrevista de desligamento; cargo vago até a substituição; clima desmotivacional – baixa produtividade.

Pode-se efetuar o cálculo do índice de rotatividade conforme fórmula abaixo:

$$\text{Índice de rotatividade} = \frac{\text{n}^o \text{ de empregados desligados} \times 100}{\text{efetivo médio da organização}}$$

ou

$$\text{Índice de rotatividade} = \frac{\text{nd} \times 100}{\dfrac{\text{Eip} + \text{Efp}}{2}}$$

Sendo:

nd = número de desligados (somente demitidos, somente demissionários ou ambos)

Eip = número de efetivos no início do período

Efp = número de efetivos no fim do período

Além dos índices de absenteísmo e rotatividade, é importante ressaltar que, para acompanhar os resultados referentes aos empregados e quanto isso implica o Planejamento de Gestão de Pessoas, é preciso utilizar outros indicadores que sinalizam as atividades necessárias para serem aplicadas, em detrimento da diminuição dos custos de pessoal na organização, por exemplo:

$$\text{Índice de Acidentes de Trabalho} = \frac{\text{Número de Acidentes de Trabalho}}{\text{Número de funcionários contratados}} \times 100$$

$$\text{Índice de treinamento} = \frac{\begin{array}{l}(\text{N}^o \text{ funcionários ouvintes no curso 1} \times \text{carga horária do curso 1}) + \\ (\text{N}^o \text{ funcionários ouvintes no curso 2} \times \text{carga horária do curso 2}) + \dots + \\ (\text{N}^o \text{ funcionários ouvintes no curso n} \times \text{carga horária do curso n}) \times 100 \end{array}}{\text{N}^o \text{ de horas trabalhadas/homem}}$$

Os indicadores não são índices estáticos, mas a coleta de dados que vai auxiliar a prevenir e solucionar problemas no processo de gestão. Este acompanhamento deve ser frequente e contínuo, possibilitando a verificação dos resultados esperados e se estão sendo alcançados, redirecionando novas ações e verificando o êxito da organização.

Uma vez elaborado o Planejamento de Gestão de Pessoas, é impreterível que sejam implementadas as ações para a definição de competências, captação, seleção e retenção de pessoas. As empresas inteligentes devem estar atentas ao aproveitamento adequado dos talentos que compõem seu quadro de colaboradores. Pode ser simples dizer, mas nem sempre é fácil fazer. A área de Gestão de Pessoas precisa estar preparada para assessorar os gerentes em todos os seus processos, desde o mapeamento de competências, os processos de captação, seleção, desenvolvimento, retenção e demissão de pessoas.

A busca de pessoas para trabalhar nas organizações pode-se dar de duas maneiras; uma delas é no ambiente externo à empresa, onde os processos de recrutamento e seleção são elaborados baseados na análise de currículos e realização de técnicas de seleção apropriadas para cada nível de função. Estas técnicas servem para identificar os candidatos que possuem o melhor perfil e se adaptam às necessidades que estão sendo exigidas para a vaga em aberto.

No entanto, a procura por um candidato externo pode demandar um custo mais elevado para a empresa, pois é necessário que ele se adapte à cultura empresarial e, também, pode provocar certa desmotivação daqueles que estão trabalhando na empresa e se acham "preparados" para assumir o desafio de um novo cargo.

Outra maneira de captar talentos é internamente, mas, para que isso aconteça, os gestores devem conhecer bem o perfil dos colaboradores para poder dar oportunidades de desenvolvimento a cada um deles, encaixando-os nas funções que mais se adaptem a seus perfis. Esse processo pode ser mais rápido e, além de ter um custo menor, pode gerar dentro da empresa um ambiente de grande motivação entre os colaboradores, promovendo um clima de confiança que desperte o sentimento de poderem crescer junto com ela.

Alguns itens devem ser seguidos no processo de captação: expor exatamente aquilo que a empresa faz, o que ela espera do candidato e o que o candidato, em troca, pode esperar da empresa; estabelecer um contrato quanto à duração e à remuneração também é importante, pois, assim, cada um saberá exatamente o que esperar do outro.

É fundamental deixar claro quais são as expectativas em relação ao candidato e se ele tem o perfil desejado. Para certificar-se do bom desempenho dele, o responsável pelo processo de captação e seleção deve investigar as atividades exercidas pelo candidato e suas principais características. Todo o processo de seleção deve ocorrer num período curto, pois quanto mais tempo for gasto com entrevistas e dinâmicas, maior o custo para a empresa; pode-se ainda correr o risco de perder algum candidato para outra empresa em que o tempo do processo de seleção seja mais rápido.

A primeira providência a ser tomada antes de se iniciar o processo de captação e seleção de pessoas é a definição do perfil adequado que atenda aos requisitos da vaga em aberto.

O perfil ideal do candidato e da vaga são instrumentos básicos para o planejamento de um processo seletivo interno ou externo. Sua elaboração permite uma definição do tipo de profissional que se deseja e que se supõe que poderá contribuir para a organização. Além do mais, proporciona maior sistematização das atividades de captação e seleção, concorrendo para que se tenha resultados mais objetivos, já que as escolhas são realizadas com base em requisitos e critérios definidos, e não de forma aleatória (ALMEIDA, 2004).

Mesmo que já exista a definição do perfil traçado para determinado cargo, há necessidade de atualizá-lo. Algumas empresas já possuem modelos de competências definidos, porém precisam ser revisados periodicamente. Essa exigência explica-se pelo fato de as organizações serem dinâmicas e de o contexto do trabalho estar em constante transformação.

É preciso definir competências para desenvolver um projeto que seja capaz de identificar as necessidades organizacionais, para, então, buscar pessoas com competências adequadas para a realização das exigências da organização.

Competência empresarial é o conjunto de qualidades e características que a empresa desenvolve e aperfeiçoa, para oferecer com continuidade bens e serviços que atendam às necessidades e encantem seus clientes (BOOG, 2004).

Boog (2004) afirma que competência gerencial/individual é o conjunto de conhecimentos, habilidades e atitudes que os gerentes/indivíduos desenvolvem para assegurar a competência empresarial.

Para Gramigna (2000), as competências podem ser divididas em genéricas e específicas.

Competências genéricas ou essenciais são aquelas definidas pela organização que ajudam no sucesso da empresa, tornando possível um diferencial de mercado.

São também vinculadas à Missão da empresa, permitindo que sua realização garanta a razão de existir da organização.

As competências específicas são aquelas relacionadas ao cargo/funções e que determinam a definição de conhecimentos, habilidades e atitudes que compõem o desenvolvimento do trabalho que o profissional desempenha ou irá desempenhar.

COMO IDENTIFICAR E CONSTRUIR UM MAPEAMENTO DE COMPETÊNCIAS EMPRESARIAIS E INDIVIDUAIS?

Será apresentado a seguir um exemplo de projeto de mapeamento de competências do corpo gerencial desenvolvido em uma organização.

CASO PRÁTICO

Objetivos do projeto:

- Identificar as competências essenciais da empresa e específicas do cargo para construir a arquitetura do aprendizado necessário para o desempenho eficaz das funções gerenciais.
- Identificar as competências individuais no que se refere às habilidades, conhecimentos e atitudes para o trabalho, por meio de ferramentas apropriadas e devolutivas com relação à *performance* de cada indivíduo.
- Construir um programa de aprendizado que sirva de ponte entre as competências previamente definidas e os *gaps* de *performance* constatados, levando em consideração o ambiente de trabalho existente e as necessidades de atualização e complementação dos conhecimentos em ações de aprendizado necessário.

Implementação do projeto:

Primeira fase

Reunião para levantamento e definição das competências essenciais.

Em subgrupos de ____ pessoas, utilizar a técnica do *brainstorming* para definir as competências essenciais. Exemplos:

- Competências Comportamentais: 1) Liderança; 2) Comunicação; 3) Iniciativa, dinamismo, autonomia; 4) Comprometimento; 5) Negociação; 6) Flexibilidade.

- Competências Empresariais: 1) Cultura da qualidade; 2) Planejamento; 3) Capacidade empreendedora; 4) Visão sistêmica; 5) Credibilidade.

Segunda fase

Descrever o conceito de cada competência de acordo com a cultura e o clima da organização. Neste exemplo, a organização trabalhada apresentava os valores da cultura focados em Confiança; Ética Profissional; Honestidade; Ideias compartilhadas em equipes e Cultura da qualidade. Assim, as Competências Essenciais foram determinadas e descritas conforme segue:

Competências Comportamentais:

1. Liderança: capacidade para catalisar os esforços grupais, a fim de atingir ou superar os objetivos organizacionais, estabelecendo clima de confiança, formação de parcerias e desenvolvimento de equipes.

2. Comunicação: capacidade de expressar-se de forma clara, precisa e objetiva, bem como habilidade para ouvir, processar e compreender o contexto da mensagem, argumentar com coerência usando *feedback* de forma adequada, horizontalizando as informações entre os pares.

3. Iniciativa, dinamismo, autonomia: capacidade de demonstrar interesse pelas atividades a serem executadas, tomando iniciativas e mantendo atitude de disponibilidade, e de apresentar postura de aceitação e tônus muscular, que indica energia para os trabalhos. Agilidade em soluções para clientes internos e externos.

4. Comprometimento: elo emocional e intelectual que une o indivíduo à organização. As pessoas identificam-se e envolvem-se com os valores da cultura organizacional, gostando de participar dela.

5. Negociação: capacidade de se expressar e ouvir a queixa do outro buscando equilíbrio de soluções satisfatórias nas propostas apre-

sentadas pelas partes. Quando há conflito de interesses, bem como o sistema de troca que envolve o contexto, atuar com base no "ganha-ganha", estabelecendo o acordo provisório para a manutenção do contrato de relacionamento.

6. Flexibilidade: habilidade para adaptar-se oportunamente às diferentes exigências do meio e ser capaz de reverter a postura diante de argumentações convincentes.

Competências Empresariais:

1. Cultura da qualidade: postura orientada para a busca contínua da satisfação das necessidades e superação das expectativas dos clientes internos e externos na busca da excelência.

2. Planejamento: capacidade de obter resultados por meio de métodos que contenham objetivos, metas, estratégias, medidas de desempenho e ferramentas para verificar performances. Desenvolver atividades de organização e controle que previnam problemas e reduzam custos para a empresa.

3. Capacidade empreendedora: facilidade para identificar novas oportunidades de ação e capacidade de propor e implementar soluções a problemas e necessidades de forma assertiva, inovadora e interdependente.

4. Visão sistêmica: capacidade de observar a organização como um sistema vivo, levando em consideração o ambiente interno (composto por processos interligados e interdependentes) e o ambiente externo, com suas oportunidades e ameaças.

5. Credibilidade: capacidade de promover ações de integridade com foco na imagem, tradição e valores da instituição.

Terceira fase

Com base na descrição das Competências Essenciais, faz-se necessário pontuá-las para que possam servir de parâmetros para a Avaliação de Desempenho do corpo gerencial. Neste caso adotamos a classificação de 5 a 1 pontos, considerando 5 o indicador de maior relevância e 1 o de menor relevância.

Exemplo:

COMPETÊNCIAS ESSENCIAIS	PESO
1) Liderança	5
2) Comunicação	5
3) Iniciativa, dinamismo, autonomia	5
4) Comprometimento	5
5) Negociação	4
6) Flexibilidade	4
7) Cultura da qualidade	4
8) Planejamento	4
9) Capacidade empreendedora	4
10) Visão sistêmica	5
11) Credibilidade	5

Quarta fase

Descrição dos cargos e das competências específicas, definindo para cada uma os conhecimentos, as habilidades e as atitudes necessários, conforme exemplo apresentado em formulário desenvolvido para esta situação específica.

IDENTIFICAÇÃO DO CARGO:

Título:
Área a que pertence:
Carga horária:

Sumário:
O cargo é responsável pela execução do planejamento estratégico...........
Planeja, organiza, lidera, avalia e controla as ações de sua equipe de trabalho.........

Descrição detalhada das atividades:
- Avaliar diariamente os indicadores quantitativos e qualitativos de sua área, elaborando planos de ação de melhoria, comprometendo todos os colaboradores com os resultados.
- Acompanhar o posicionamento das contas a receber.............
- Analisar, supervisionar e controlar as negociações...............
- Responder pela manutenção geral de.............
- Avaliar e controlar as despesas orçadas e realizadas.........
- Representar a área nas comunidades.........
- Realizar reuniões semanais, quinzenais e mensais com equipes de colaboradores para...........

- Zelar pelo clima organizacional.........
- Informar com frequência os colaboradores quanto às políticas e estratégias.....

Competências Específicas:
- CONHECIMENTOS: (pontuação de 5 a 1 – conforme grau de relevância)
  - Administração   5
  - Financeiro   4
  - Legislação Trabalhista e Previdenciária   3
  - Custos e despesas operacionais   4
  - Área fiscal e tributária   3

- HABILIDADES: (pontuação de 5 a 1 – conforme grau de relevância)
  - Disciplina   5
  - Negociação   5
  - Comunicação   4
  - Relacionamento com clientes internos e externos   5
  - Administração do tempo   4
  - Organização   5
  - Capacidade de persuasão   4
  - Dar e receber *feedback*   5
  - Delegação   5

- ATITUDES: (pontuação de 5 a 1 – conforme grau de relevância)
  - Responsabilidade   5
  - Empatia   5
  - Autocontrole   5
  - Comprometimento   5
  - Honestidade   5
  - Confiabilidade   5
  - Iniciativa e dinamismo   4

Grau de Instrução: Curso superior em Administração de Empresas com MBA em Business.
Iniciativa/Julgamento: é exigida capacidade de tomar decisões, coerência e flexibilidade, e impessoalidade.

Quinta fase

Aplicar Avaliação de Desempenho individual com foco nas competências essenciais e específicas.

Neste projeto foi desenvolvida ferramenta própria para a realização da Avaliação de Desempenho por Competências, conforme exemplo apresentado:

AVALIAÇÃO DE DESEMPENHO POR COMPETÊNCIAS

Para realizar a Avaliação de Desempenho de seu(s) colaborador(es) é fundamental a análise de cada item descrito nas referidas Competências e fazer o comparativo entre elas e o desempenho do(s) colaborador(es).

Abaixo estão relacionadas as Competências Essenciais e Específicas que são necessárias para agregar valor à empresa e ao cargo, explicando de que se trata cada uma delas e suas referidas pontuações.

INSTRUÇÕES DE PREENCHIMENTO

1) Preencha com X o espaço da afirmação que você avalia ter a aplicabilidade que representa o *status* da competência do colaborador.
2) Estas informações são confidenciais e sua identificação será mantida em sigilo.
3) Você obterá toda a orientação e acompanhamento através da Consultoria Interna do Departamento de Gestão de Pessoas.

CARGO: GERÊNCIA DO DEPARTAMENTO DE...............

AVALIADO: _____

DATA: _____

COMPETÊNCIAS ESSENCIAIS	5. SUPERA AS EXIGÊNCIAS	4. ATENDE TOTALMENTE ÀS EXIGÊNCIAS	3. ATENDE ÀS EXIGÊNCIAS, PORÉM APRESENTA *GAPS*	2. ATENDE PARCIALMENTE ÀS EXIGÊNCIAS	1. NÃO ATENDE ÀS EXIGÊNCIAS
1. Liderança: Capacidade para catalisar os esforços grupais, a fim de atingir ou superar os objetivos organizacionais, estabelecendo clima de confiança, formação de parcerias e desenvolvimento de equipes. Facilidade para identificar novas oportunidades de ação e capacidade de tomar decisões, propor e implementar soluções a problemas e necessidades que se apresentam, de forma assertiva.	Desenvolve a equipe para atingir os resultados, criando clima de confiança para catalisar esforços na busca de superação nas atividades e solução de problemas. Assume perante as pessoas da equipe uma atitude que inspira respeito e aceitação de sua liderança. Antecipa oportunidades de crescimento para a área e para a organização, envolvendo a equipe e provocando o comprometimento de todos na tomada de decisão.	Conduz a equipe e suas atividades de forma segura, com capacidade de levar a equipe a atingir os resultados. Identifica novas oportunidades e apresenta soluções de problemas. Capacidade para tomar decisões de forma assertiva.	Geralmente, conduz a equipe e suas atividades de forma segura, sendo o facilitador para que a equipe atinja os resultados esperados.	Em poucas situações apresenta assertividade na solução de problemas e tomada de decisões. Faltam-lhe recursos pessoais para ser considerado um verdadeiro líder.	Habilidade em conduzir e orientar as pessoas para alcançar os objetivos organizacionais. Demonstra morosidade em situações que necessitam tomada de decisões.
	( )	( )	( )	( )	( )

2. Comunicação: Capacidade de expressar-se de forma clara, precisa e objetiva, bem como habilidade para ouvir, processar e compreender o contexto da mensagem, argumentar com coerência usando *feedback* de forma adequada, horizontalizando as informações entre os pares.	Prática constante em dar e receber *feedback*. Possui iniciativa para disseminar informações pertinentes ao desenvolvimento das atividades da equipe. Propõe-se a elaborar apresentações em público, preocupando-se em planejar o conteúdo e as técnicas apropriadas.	Capacidade de se expressar e ouvir o outro buscando equilíbrio de soluções satisfatórias nas propostas apresentadas pelas partes. Demonstra habilidade em apresentar projetos e ideias em público.	Promove *feedback* para a equipe nos momentos em que é necessário o repasse de informações inerentes à aplicação de atividades. Sempre que solicitado, elabora apresentações em público.	Esporadicamente tem disposição para repassar informações e *feedback* necessários para a equipe. Dispersão na prática de apresentações em público, demonstrando dificuldade na aplicação de técnicas.	Não promove e não aceita *feedback* de seus pares e superiores, não apresentando habilidade para ouvir o outro. Despreza as oportunidades de apresentar em público os projetos e ideias próprias e da equipe.
	( )	( )	( )	( )	( )
3. Negociação: Capacidade de se expressar e ouvir a queixa do outro buscando equilíbrio de soluções satisfatórias nas propostas apresentadas pelas partes. Quando há conflito de interesses, bem como o sistema de troca que envolve o contexto, atua com base no "ganha-ganha", estabelecendo o acordo provisório para a manutenção do contrato de relacionamento.	Mantém a neutralidade em situações de negociação utilizando argumentos que apresentem resultados com base no "ganha-ganha". Negocia com habilidade e traz soluções satisfatórias para a empresa.	Tem capacidade de aplicar técnicas de negociação adequadamente. Possui recursos que lhe permitem ser oportuno quanto à maneira e ao momento de implementá-las, gerando negociações favoráveis à empresa.	Adota a autonomia de decisões, de acordo com a autoridade delegada. Precisa ser mais perspicaz ao aplicar as técnicas de negociação e orientação precisas a respeito de quando e como colocá-las em prática.	Possui alguma dificuldade em encarar desafios nas negociações. Demonstra certa dependência do nível superior para encarar determinadas negociações em função da sua insegurança pessoal.	Não possui habilidade em negociar, provocando situações negativas para a tomada de decisões. É desprovido de recursos pessoais para chegar a conclusões válidas que lhe permitam aplicar ferramentas de negociação adequadas no momento certo.
	( )	( )	( )	( )	( )

Sexta fase

Efetuar devolutiva individual para repassar as competências e os estilos gerenciais identificados, bem como a identificação das necessidades de desenvolvimento apresentadas.

Desenvolver *coaching* com o corpo de gerentes da instituição, com o intuito de fazer o acompanhamento do desenvolvimento de suas competências.

Elaborar programa de desenvolvimento gerencial, atendendo aos *gaps* encontrados entre as Competências Essenciais e Específicas e as individuais apresentadas na Avaliação de Desempenho.

O PAPEL DO *COACH* NO PROCESSO DE DESENVOLVIMENTO E RETENÇÃO DE TALENTOS

Max Gehringer (apud GIL, 2001) aborda a origem da palavra *coach*, afirmando que a prática do *coaching*

> [...] vem dos filósofos gregos, que já faziam isso com seus discípulos, os artistas da Renascença, com seus aprendizes, e os mestres do kung fu, com seus gafanhotos.
>
> Há 600 anos, numa pequena cidade da Hungria chamada Kocs, foi desenvolvida uma carruagem bem maior que as utilizadas na época, pequenas e apertadas, para no máximo quatro pessoas.
>
> A novidade húngara, que acomodava confortavelmente oito passageiros, recebeu o nome de *Koczi szerér*, ou "vagão de Kocs". Rapidamente copiada em toda a Europa, a *koczi* fez tanto sucesso que logo virou sinônimo de carruagem de qualquer tamanho. Franceses e espanhóis adaptaram a pronúncia para coche, que derivou o inglês *coach*.
>
> [...]
>
> Nas universidades inglesas do século XV, frequentadas apenas pela nobreza britânica, os alunos iam para as aulas de *coach*, conduzidos por um cocheiro – o *coacher* – e daí o nome virou gíria estudantil para gozar os professores e depois, seriamente, para batizar técnicos esportivos. O *coach*, portanto, ensina e conduz.

Com o passar do tempo, o termo *coach* foi utilizado nos esportes para designar o papel do técnico, aquele profissional que treina times de futebol ou basquete, por exemplo.

Nos últimos anos, entretanto, esse termo vem sendo muito utilizado nas empresas, não necessariamente para designar um cargo, mas um papel profissional: o da pessoa que se compromete em apoiar alguém com vistas a melhorar seu desempenho e promover seu desenvolvimento profissional e pessoal (GIL, 2001).

Para Gil (op. cit), *coach* é um profissional que se compromete, no âmbito de uma organização, a apoiar as pessoas que visam alcançar determinado resultado. Sua ação é o *coaching*, processo desenvolvido com as pessoas e tem como finalidades:

- ajudar a descobrir o potencial de trabalho;
- apoiar a descoberta das competências necessárias para o melhor desempenho e sua avaliação de forma objetiva;
- fornecer o suporte necessário para assumir o gerenciamento do próprio desenvolvimento, encorajando o crescimento pessoal e profissional;
- ajudar na definição dos objetivos e no estabelecimento de metas e assegurar que estejam na direção correta;
- desenvolver um sistema de referência para dar e receber *feedback* para motivação e melhoria de desempenho;
- auxiliar na correção da conduta no trabalho.

Um dos desafios mais importantes por que passam as empresas neste momento é o da retenção de talentos. Mais do que nunca, elas sentem quão importante é a Gestão de Pessoas, o que significa criar condições para seu constante desenvolvimento.

Os gestores de pessoas precisam desenvolver competências para atuarem como líderes *coaches*. São eles que devem fazer a ponte entre o que as pessoas são e o que almejam ser. Devem ser capazes de integrar, facilitar e criar um ambiente de confiança que permita aos seus colaboradores a aproximação e abertura para ser orientado e acompanhado ao longo de sua permanência na organização.

Nas empresas modernas, essa ferramenta já vem sendo muito utilizada pelos gestores, que também precisam ser qualificados para desempenhar esse papel, demonstrando certas habilidades como paciência, imparcialidade, interesse pelas pessoas, disposição para escutar, responsabilidade, habilidade para comunicar suas ideias com clareza e assegurar-se de seu entendimento, conhecimentos e experiências, maturidade, intuição, autoconfiança e empatia.

A relação entre o *coach* e o colaborador requer, antes de tudo, o estabelecimento de uma relação de mútua franqueza e confiança. Para isso, é necessário que haja profundo relacionamento entre ambos, caracterizado por constante *feedback* e troca de experiências.

O *coach* não deve ensinar as pessoas apenas dizendo o que faria se estivesse naquela situação. Ele precisa ensinar seus colaboradores a raciocinar, a analisar as situações e achar a melhor saída para os problemas com base nos princípios de cada um deles. Mais do que isso, o *coach* deve ajudar o colaborador a detectar suas dificuldades e superá-las. Com isso, o desempenho dos colaboradores melhora e o da empresa também (GIL, 2001).

RETENÇÃO DE TALENTOS

Atualmente, o diferencial nas empresas de sucesso está no capital humano. As pessoas constituem ativos que pensam e estão em busca constante de novas competências condizentes com as exigências do mercado.

Portanto, as empresas precisam proceder de forma coerente com seu negócio, adequando seus talentos humanos, desde a definição do perfil mais apropriado para cada posto de trabalho até a manutenção e retenção desses talentos por meio de investimento em conhecimento, seja pela aprendizagem formal, seja pela informal.

O capital humano deve ser considerado a fonte do saber (conhecimento), do saber fazer (habilidades) e do querer fazer (atitudes/comportamentos). Esses três elementos são fundamentais para a constituição das competências necessárias para o desenvolvimento das atividades e para a obtenção de resultados na organização. A empregabilidade trata do desenvolvimento permanente dessas competências e a empresabilidade, do aproveitamento correto dessas competências em atividades que exijam a busca de inovações.

Os profissionais de hoje assumem novas funções com um ritmo acelerado; antigas funções mudam rapidamente, e as demandas de capacitação e desenvolvimento, para que as pessoas simplesmente continuem trabalhando, não param de crescer.

As necessidades de desenvolvimento para a geração atual de profissionais são cada vez maiores, visto que a transformação das organizações do século XXI está na retenção do Capital Intelectual, trazendo o conceito de organizações de aprendizagem como fundamental para a agilização do conhecimento e das competências necessárias para a obtenção dos resultados, tornando-se, assim, um diferencial competitivo.

Existe uma contradição acentuada quando se trata da obtenção do conhecimento e da aplicação dele. Por um lado, o indivíduo precisa se atualizar constantemente e adquirir novos conhecimentos (empregabilidade) e, por outro, as organizações precisam de uma política de desenvolvimento permanente, fazendo que as atividades sejam sempre desafiadoras, permitindo que a implementação de novos métodos de trabalho possa ser efetuada pelos processos organizacionais.

É importante que os líderes tenham uma atitude mental voltada para o desenvolvimento de talentos, demonstrando entusiasmo, coragem e determinação para tomar medidas ousadas necessárias a fim de fortalecer seu *pool* de talentos.

Observa-se, ainda, que algumas empresas mantêm "gerentes" preocupados com a não liberação de colaboradores para participarem de programas de treinamento ou irem ao encontro de informações em outras áreas, preocupados com o desenvolvimento de competências que possam vir a ofuscar seu desempenho. Pessoas talentosas tendem a buscar outra oportunidade quando percebem que não estão crescendo e ampliando suas habilidades.

Os gestores (líderes) devem fornecer material de referência e treinamento para ajudar os colaboradores a desenvolver planos de crescimento profissional, bem como serem receptivos a transferências horizontais, permitindo que o colaborador tenha o direito de mudar de cargo dentro da empresa uma vez que haja necessidade e que ele esteja qualificado para ocupá-lo. Caso não esteja qualificado, ele e a empresa, de comum acordo, providenciarão o treinamento necessário, podendo ser interna ou externamente, conforme a disponibilidade do colaborador e a necessidade da empresa.

Para conseguir reter talentos nas organizações, é preciso oferecer oportunidades de crescimento, fazendo que o colaborador tenha novos desafios e oferecendo oportunidades de aprender e crescer profissionalmente.

CONSIDERAÇÕES FINAIS

A transformação e as mudanças organizacionais, por meio de seus modelos de gestão, impulsionaram a área de Recursos Humanos a buscar uma nova concepção na condução de seus processos.

Atualmente, já não é possível imaginar uma estruturação da área de Gestão de Pessoas, com seu enfoque na administração de papéis do Departamento de Pessoal, tendo sua principal função, a anotação de dados na Carteira de Trabalho, na responsabilidade pela contratação e demissão de pessoal, na contagem de horas normais ou extras. Sua atuação nos processos de Gestão de Pessoas se volta para a consultoria interna aos dirigentes e gestores de áreas, fornecendo ferramentas capazes de auxiliar na atração e no acompanhamento dos talentos da organização.

Também é fundamental ressaltar que o sucesso da área de Gestão de Pessoas está na interação de seus processos, que é essencial para o processo de mudanças constantes na organização. O profissional dessa área, por sua responsabilidade de liderança dos processos de mudanças, deve ser o primeiro a mostrar disponibilidade, começando dentro da própria área.

A cultura organizacional é uma combinação de valores, rituais, processos, estrutura física e clima local; é criada por seus líderes e gestores e tem peso elevado na satisfação e motivação das pessoas.

O Planejamento Estratégico de Gestão de Pessoas exige uma condução interativa com o Planejamento Organizacional, para que as ações possam ser coerentes com as exigências do negócio e, consequentemente, os investimentos aplicados no capital humano possam trazer resultados para a organização.

Os indicadores de Gestão de Pessoas, como o índice de absenteísmo e rotatividade – que podem estar sendo causados por motivos como qualidade de liderança, ambiente físico de trabalho, carência de desenvolvimento, reconhecimento e recompensas –, contribuem para a verificação do nível de satisfação e comprometimento dos colaboradores.

A capacitação e o desenvolvimento das pessoas contribuem para a evolução da carreira individual e do grupo de trabalho. Para detectar as necessidades, surge o papel do *coach*, que auxilia no gerenciamento dos planos de desenvolvimento de carreira individual e organizacional.

Para que o processo de captação e seleção de talentos tenha sucesso, é necessário que a área de Gestão de Pessoas conscientize os gestores a definirem de maneira rigorosa o perfil das pessoas com base nas competências e atividades que serão desenvolvidas.

A probabilidade de manter os talentos na organização será maior quando as pessoas forem alocadas em trabalhos que atendam as suas expectativas, promovendo motivação e satisfação e, consequentemente, melhor *performance* e resultados.

REFERÊNCIAS

ALMEIDA, Walnice. *Captação e seleção de talentos*: repensando a teoria e a prática. São Paulo: Atlas, 2004.

BOOG, Gustavo G. *Manual de treinamento e desenvolvimento ABTD*. 3. ed. São Paulo: Makron Books, 1999.

_____ . *O desafio da competência*. São Paulo: Nova Cultural, 2004.

CHIAVENATO, Idalberto. *Gestão de pessoas*: o novo papel dos recursos humanos nas organizações. São Paulo: Campus, 1999.

EDVINSSON, Leif. *Longitude corporativa*: navegando pela economia do conhecimento. São Paulo: Makron Books, 2003.

GIL, Antonio Carlos. *Gestão de pessoas*: enfoque nos papéis profissionais. São Paulo: Atlas, 2001.

GRAMIGNA, Maria Rita. *Modelos de competências e gestão dos talentos*. São Paulo: Makron Books, 2000.

TACHIZAWA, Takeshy. *Gestão com pessoas*: uma abordagem aplicada às estratégias de negócios. 2. ed. Rio de Janeiro: Fundação Getulio Vargas, 2001.

TROMPENAARS, Fons. *Nas ondas da cultura*. São Paulo: Educator, 1994.

LEITURAS SUGERIDAS

DESSLER, Gary. *Administração de recursos humanos*. 2. ed. São Paulo: Pearson Prentice Hall, 2003.

EDVINSSON, Leif. *Longitude corporativa*: navegando pela economia do conhecimento. São Paulo: Makron Books, 2003.

MARIOTTI, Humberto. *Organizações de aprendizagem*: educação continuada e a empresa do futuro. 2. ed. São Paulo: Atlas: 1999.

MARRAS, Jean Pierre. *Administração de recursos humanos*: do operacional ao estratégico. 3. ed. São Paulo: Futura, 2000.

QUINN, Robert et al. *Competências gerenciais*: princípios e aplicações. Rio de Janeiro: Campus, 2003.

ROBBINS, Stephen P. *A verdade sobre gerenciar pessoas*. São Paulo: Pearson Education, 2003.

RUAS, Roberto Lima; ANTONELLO, Simone; BOFF, Luiz Henrique. *Os novos horizontes da gestão*: aprendizagem organizacional e competências. Porto Alegre: Bookman, 2005.

SHEIN, Edgard H. *Planejamento e desenvolvimento de recursos humanos*: fatores de eficácia das organizações. Rio de Janeiro: Incisa, 1978.

> A TAREFA DA ADMINISTRAÇÃO É TRANSFORMAR O DESEJÁVEL NO POSSÍVEL E O POSSÍVEL NO EFETIVO.
>
> (PETER DRUCKER)

A REMUNERAÇÃO COMO DIFERENCIAL NA GESTÃO DE PESSOAS

MARIA ALICE PEREIRA DE MOURA E CLARO

Com o advento de novas tecnologias e métodos de trabalho, e em face da diversidade da mão de obra, clientes, fornecedores e parceiros e, portanto, do acirramento da concorrência, muitos procedimentos e paradigmas estão sendo redefinidos, com a finalidade de buscar novas ideias, formas estratégicas e maneiras de gerenciar as pessoas nas empresas.

As mudanças são percebidas pelas organizações e influenciam a atividade de direção, que, muitas vezes, procura utilizar-se de ferramentas de gestão mais adequadas para a obtenção dos resultados organizacionais almejados.

Este capítulo abordará assuntos relacionados com as teorias da motivação humana, assim como uma fundamentação a respeito de remuneração fixa e variável, que tem sido um assunto de considerável relevância para a obtenção do comprometimento dos funcionários e, com isso, para o alcance dos objetivos organizacionais e de competitividade no mercado contemporâneo.

A INTER-RELAÇÃO REMUNERAÇÃO E MOTIVAÇÃO

Sabe-se que a motivação é uma energia, uma força intrínseca que nasce das necessidades; ela gera tensões e impulsiona as pessoas em direção a algo. O caráter de interioridade da motivação é experimentado de forma diferente pelos indivíduos, e as pesquisas revelam que ninguém é capaz de motivar alguém, mas um gestor de pessoas pode estimular os liderados na busca dos objetivos organizacionais, bem como na dos objetivos pessoais.

TEORIA DA HIERARQUIA DAS NECESSIDADES

Abraham Maslow (apud STONER; FREEMAN, 1995), psicólogo norte-americano e grande pesquisador de comportamento, criou a Hierarquia das Necessidades, mais conhecida como a Pirâmide de Maslow, na qual explica as necessidades humanas em cinco níveis.

Segundo Maslow, cada pessoa move-se para o topo da pirâmide e, enquanto as necessidades básicas ou primárias não são atendidas, ela não busca próximas necessidades, que são secundárias.

São consideradas básicas ou primárias as necessidades fisiológicas e de segurança; as secundárias são as sociais, de estima e autorrealização. Então, têm-se:

1. Necessidades fisiológicas – fome, sede, abrigo, sexo. É o primeiro nível de necessidade, e elas estão na base da pirâmide, consideradas básicas para a sobrevivência. Nesse sentido, as empresas buscam, com seus projetos em Recursos Humanos, atender a essas necessidades, oferecendo refeições no local de trabalho, horários adequados, intervalos de descanso, transporte e outros correlatos.

2. Necessidades de segurança – incluem segurança e proteção; é o segundo nível da pirâmide. É a autopreservação, ou seja, a pessoa evitará o perigo físico e emocional. É a necessidade de estabilidade no emprego. As empresas tentam oferecer seguro de vida e de acidentes, planos de saúde, previdência privada, cuidando para manter equilibrado o índice de *turnover* com o objetivo de minimizar o clima de insegurança, que pode gerar desmotivação.

3. Necessidades sociais – consistem na necessidade de afeição, aceitação, amizade e sensação de pertencer a grupos. O ser humano é gregário e, por isso, precisa viver em grupo e não isoladamente. O papel da empresa é estimular, com trabalho em equipe, eventos sociais, comunitários de solidariedade e outros.

4. Necessidades de estima – compreendem o respeito próprio, realização e autonomia, que são fatores de ordem interna; por sua vez, os de ordem externa compreendem: *status*, reconhecimento e atenção. Aos gestores cabe a responsabilidade de reconhecer os esforços dos funcionários mediante a utilização de *feedback*, promoções, premiação, valorização, estimulação do desenvolvimento pessoal e profissional.

5. Necessidades de autorrealização – é nesse nível que começa o desígnio de buscar aquilo que se é capaz de ser; nesse aspecto, ressaltam-se o crescimento pessoal e profissional, o atingimento de seu potencial e a busca do autorreconhecimento. São as necessidades mais elevadas e estão no alto da pirâmide de Maslow. Nesse sentido,

os gestores podem estimular e possibilitar o uso da criatividade, da liberdade de expressão, de trabalhar naquilo de que a pessoa gosta.

TEORIA MOTIVACIONAL DOS DOIS FATORES

Segundo Stoner e Freeman (1995), o psicólogo Frederick Herzberg alicerçou sua teoria no ambiente externo e no trabalho do indivíduo para explicar o comportamento das pessoas. Realizou uma pesquisa investigando o seguinte: o que as pessoas desejam do trabalho? Baseado nas respostas, o pesquisador categorizou-as em dois tipos de fatores: os higiênicos e os motivacionais.

FATORES HIGIÊNICOS

São aqueles relacionados ao trabalho, tais como: qualidade da supervisão, remuneração, as políticas e procedimentos da empresa na Gestão de Pessoas, as condições físicas do ambiente de trabalho, o relacionamento com as pessoas e a segurança no emprego. É importante salientar que os gestores que tentam eliminar os fatores de insatisfação não necessariamente geram motivação, mas, sim, evitam a insatisfação.

Dessa forma, há uma busca constante por parte das empresas de oferecer adequadas condições de trabalho, pagamento do salário na data prevista e condizente com o mercado, equilíbrio interno na remuneração, procedimentos objetivos específicos e estáveis de supervisão e organização, divulgação de informações suficiente para a realização do trabalho.

FATORES MOTIVACIONAIS

Esses fatores estão ligados aos aspectos psicológicos de reconhecimento, autoestima e autorrealização. Quando essas necessidades não estão satisfeitas, isso leva necessariamente à desmotivação, porém, sempre que o gestor demonstrar reconhecimento pelo bom trabalho, a consequência será a geração de um estado de motivação e reforço do comportamento da pessoa.

TEORIA DO R.A.P.

Em sua obra, Stoner e Freeman (op. cit) afirmam que o psicólogo norte--americano David McClelland realizou sua pesquisa em vários países para descobrir os motivos que levam as pessoas a agir desta ou daquela maneira. Propôs uma teoria da motivação interligada aos conceitos de aprendizagem, pois crê que muitas necessidades são adquiridas da cultura.

Com base no processo de pensamento do homem, McClelland formulou seus fatores motivadores, descrevendo três razões que levam as pessoas à ação:

- Realização – vontade de êxito no que produz, ou seja, impulso de exceder, sair-se bem em relação a um conjunto de padrões.

- Afiliação – estabelecer relações emocionais, desejo por relações positivas e produtivas; desejo por relações próximas e amigáveis.

- Poder – vontade de obter ou manter controle sobre pessoas e coisas; passa a ser importante o *status*, o prestígio e as posições de influência.

Serão comentadas, a seguir, as quatro teorias que guardam essa íntima relação com remuneração: do Estabelecimento de Objetivos, da Equidade, da Expectativa e do Reforço.

TEORIA DO ESTABELECIMENTO DE OBJETIVOS

O psicólogo Edwin Locke, na década de 1960, indicou que a fonte da motivação está na luta pela realização de um objetivo (STONER; FREEMAN, 1995). É bem verdade que tais objetivos a serem traçados não devem ser amplos e genéricos, pois isso dificulta a obtenção de resultado satisfatório.

Há relatos de pessoas que saíram vivas dos campos de concentração, na Segunda Guerra Mundial, particularmente do campo de Auschwitz-Birkenau, porque tinham um objetivo a cumprir quando isso acontecesse. Alguns relatam que tinham de concluir um livro; outros queriam conhecer a neta, entre outros casos.

Em sua teoria, o autor sustenta que o estabelecimento de objetivos específicos e desafiantes gera motivação e leva as pessoas a melhores desempenhos; porém, salienta que os gestores devem despender tempo para se dedicar à atividade de *feedback*.

As pessoas trabalham melhor quando sabem como estão se comportando no trabalho e precisam saber quais são seus *gaps* para que possam proceder às ações corretivas no sentido da eliminação da discrepância entre o que deve ser feito e o que estão fazendo.

Sabe-se que as metas orientam as pessoas sobre o que precisa ser feito e quanto esforço será necessário empregar. Os fatores que influenciam na relação metas/desempenhos são: comprometimento com a meta, autoeficácia (crença de que é capaz de executar a tarefa), complexidade da tarefa e cultura nacional em que o trabalhador está inserido, tendo, portanto, limitações culturais.

A sugestão é que, ao se estabelecerem objetivos e metas para as pessoas, o gestor esteja atento a essa teoria, principalmente quando se tratar da definição de programas remuneratórios, tais como: participação nos lucros e resultados, premiações, remuneração por produtividade, comissões e outros similares.

TEORIA DA EQUIDADE

Adams Stacy (apud STONER; FREEMAN, 1995) defende a teoria de que o trabalhador compara seu esforço em solucionar os problemas do cargo, os resultados do seu trabalho e as recompensas recebidas com os de outras pessoas que realizam trabalhos semelhantes e que são recompensadas de forma diferente. Sempre que percebe alguma injustiça, o funcionário tende a reduzir o esforço realizado e alterar os resultados.

Para exemplificar essa teoria, pode-se citar o caso daquela pessoa que é contratada para um cargo desafiador e com salário condizente com sua complexidade e, em determinado momento, a empresa decide contratar outro profissional, recém-formado, sem experiência, recebendo salário maior. Neste caso, a pessoa que já está no cargo há mais tempo sente que há injustiça e, com isso, fica desmotivada, enfurecida e pensa, até, em procurar outro trabalho.

Segundo a Teoria da Equidade, quase sempre o funcionário estabelecerá as seguintes comparações: contribuição individual *versus* contribuição dos outros e recompensas individuais *versus* recompensas dos outros. As pessoas se sentirão mais ou menos motivadas para o trabalho à medida que perceberem, ou não, a presença da justiça, da igualdade nas relações de trabalho.

Há equidade quando, na comparação, a pessoa percebe essas relações como iguais. Quando se percebe injustiça nessas relações, pode-se criar o sentimento de raiva e, quando a pessoa percebe que ganha muito pelo que faz, pode surgir o sentimento de culpa.

TEORIA DO REFORÇO

Segundo Stoner e Freeman (1995), Burhus Frederic Skinner, psicólogo e professor de Psicologia da Universidade de Harvard, crê na aprendizagem como fator preponderante na estruturação da personalidade do ser humano; para ele, o comportamento humano é aprendido – e não inato.

Sua abordagem baseia-se na "Lei do efeito", ideia de que o comportamento com consequências positivas tende a ser repetido, enquanto o comportamento com consequências negativas tende a não sê-lo; dito de outra maneira, o que o homem faz é resultado de condições específicas e, uma vez descobertas, há como predizer e, por vezes, até determinar suas ações.

Sua teoria ficou conhecida como "Teoria do Reforço", pois dois conceitos importantes marcam sua obra: o reforço positivo e o negativo.

O reforço positivo de um comportamento é todo o evento posterior a ele, cuja repetição serve como estimulador à sua repetição. Já o reforço negativo é todo evento que, vindo imediatamente após um comportamento, diminui sua repetição ou frequência.

É fato que o reforço positivo deve ser a principal preocupação com relação à pessoa em situação de trabalho. Ela será capaz de estruturar hábitos comportamentais desejáveis. Dessa forma, elogios e recompensas são mais eficazes do que punições.

A consequência disso é que, ao ser punido, o indivíduo pode vir a extinguir um comportamento, deixando de atuar de determinada forma, mas, em compensação, poderá desenvolver qualquer outro comportamento indesejável até que ocorra novo reforço negativo.

TEORIA DA EXPECTATIVA

Victor H. Vroom (1964) tem uma teoria amplamente aceita pelas organizações e administradores. Para Stoner e Freeman (op. cit.), essa teoria foi desenvolvida por Vroom, mas ampliada e refinada por Porter e Lawer.

A teoria traz o sentido de contingência, uma vez que leva em consideração as diferenças entre as pessoas e as situações. Seu escopo indica que o esforço para o alcance de um excelente desempenho é resultante da percepção da possibilidade de atingi-lo, bem como a recompensa que a pessoa obterá pelo esforço despendido.

A Teoria da Expectativa é constituída pelos seguintes elementos: Expectativa, Instrumentalidade e Valência. De acordo com Vroom (1964), a satisfação no trabalho é resultante da relação entre as expectativas que a pessoa possui e os resultados esperados. O autor afirma que a motivação é um processo que governa as escolhas de diferentes possibilidades de comportamento das pessoas. Ainda para ele, a motivação é um produto dos três elementos supracitados na seguinte fórmula: Valência x Expectativa x Instrumentalidade = Motivação.

A referida teoria está fracionada, portanto, em três partes: 1) expectativa de resultado do desempenho, 2) valência, e 3) expectativa de esforço–desempenho.

Conforme Stoner e Freeman (1995, p. 328), essas três partes assim se caracterizam:

1. "Expectativa de resultado do desempenho: os indivíduos esperam certas consequências de seus comportamentos. Essas expectativas, por sua vez, afetam as decisões sobre como se comportar." Ex.: um trabalhador que esteja pensando em superar a cota de vendas pode esperar um elogio, um bônus, nenhuma reação ou até mesmo a hostilidade dos colegas.

2. "Valência: o resultado de um dado comportamento tem uma valência específica ou poder de motivar que varia de indivíduo para indivíduo." Ex.: para um administrador que valoriza o dinheiro e a realização, a transferência para um cargo com salário mais alto em outra cidade pode ter uma valência alta; para um administrador que valorize a confraria com colegas e amigos, a mesma transferência teria uma valência baixa.

3. "Expectativa de esforço–desempenho: a expectativa das pessoas sobre a dificuldade de ter um desempenho bem-sucedido afetará suas decisões sobre comportamento." Tendo uma escolha, os indivíduos tendem a selecionar o nível de desempenho que pareça ter a máxima probabilidade de obter um resultado que eles valorizam.

Essa teoria também faz sentido quando se planeja elaborar um programa de participação nos lucros ou resultados, pois as pessoas realizam seus esforços para alcançar objetivos e metas, se possuem clareza de que receberão em troca uma recompensa monetária extra pela execução das atividades, além daquelas programadas pelo exercício do cargo.

Assim, a empresa garante aos funcionários que, ao alcançarem os objetivos traçados pela organização, os lucros auferidos serão distribuídos entre todos os que fizeram que esses resultados fossem atingidos.

A partir disso, as organizações formatam um modelo de indicadores e formas de remunerar e definem as épocas em que serão concedidas as verbas variáveis.

Como exemplo, tem-se que a expectativa de um teleatendente de *call center* é a sua crença de que um maior número de telefonemas vai resultar em mais vendas (*performance*). Sua instrumentalidade é que mais vendas (*performance*) vão resultar em maiores comissões (recompensas). Sua valência é a importância colocada nas comissões (recompensas).

Outro aspecto da teoria diz que uma pessoa só aplica esforço se há uma chance de ela alcançar determinado desempenho (*performance*). Alcançar essa *performance* faria que acontecesse determinada consequência que a pessoa tinha em mente. A *performance* deve ser alcançável pelo sujeito em questão. Objetivos inalcançáveis são desmotivadores.

SISTEMAS DE REMUNERAÇÃO

Os sistemas de remuneração auxiliam de forma efetiva os gestores de pessoas no alcance dos objetivos organizacionais, devendo ser praticados de tal forma que os funcionários percebam a existência de procedimentos específicos para a definição dos salários internamente definidos na empresa (CHIAVENATO, 1998).

Muitos sistemas de remuneração têm contribuído para a eficácia organizacional. Entre eles, destacam-se os sistemas de remuneração tradicional e os de remuneração estratégicos, comentados a seguir.

SISTEMAS DE REMUNERAÇÃO TRADICIONAL

Conhecida como remuneração por cargo, essa é a forma mais tradicional utilizada pelas empresas para recompensar seus funcionários pelo trabalho realizado, tendo as seguintes peculiaridades:

- é ideal para empresas que cresceram muito rápido ou sofreram transformações relativamente complexas nos postos de trabalho;

- permite facilmente a equiparação com os salários do mercado, pois, mediante uma simples pesquisa, pode-se compará-los com os da empresa, estabelecendo-se, a partir daí, critérios para atrair e reter a mão de obra desejada e preservar a equidade externa na comunidade;
- possibilita a equidade interna, baseada em regras aplicáveis a todos na empresa, produzindo um sentimento de justiça entre os funcionários (PONTES, 1998).

Os componentes do sistema de remuneração tradicional são descritos por Pontes (1998), a seguir.

DESCRIÇÃO DE CARGOS

A descrição é a base do sistema de remuneração por cargos. Normalmente é realizada pelo superior hierárquico do cargo ou por um profissional da área de Recursos Humanos, sempre por meio de entrevistas e observações, procurando levantar e analisar as atividades realizadas pelo funcionário no posto de trabalho.

AVALIAÇÃO DE CARGOS

Consiste em transformar os parâmetros qualitativos em dados quantitativos, de tal forma que se possa estabelecer uma base única de comparação. Esse trabalho normalmente é realizado por um comitê formado pelo superior hierárquico do cargo e seus pares.

Segundo Pontes (op. cit.), os fatores de avaliação mais comumente adotados em relação aos cargos centram-se em quatro grandes áreas: mental, física, responsabilidade e condições de trabalho.

Na área mental são considerados fatores de avaliação, conhecimento, especialização, experiência, complexidade das tarefas e iniciativa.

A área física inclui fatores como esforço físico, posições assumidas, habilidade manual, concentração mental ou visual e monotonia.

Na área da responsabilidade são considerados o material ou produto, as ferramentas e os equipamentos, erros, valores, contatos, segurança de outros, subordinados, decisões e dados confidenciais.

E, por fim, na área de condições de trabalho são considerados os fatores ambientais de trabalho e riscos.

O produto da avaliação à luz dessas áreas, portanto, é a hierarquização dos cargos da empresa e sua organização em classes salariais.

FAIXAS SALARIAIS

O uso das faixas salariais é parte da administração dos salários, sendo construídas com base em diretrizes internas da empresa e em informações de pesquisas salariais. As faixas mostram os limites mínimo e máximo que a empresa pretende pagar para cada cargo. A progressão salarial de um funcionário dentro dessa estrutura se dá em função de sua evolução profissional no domínio de habilidades, competências, desempenho e resultados atingidos.

POLÍTICA SALARIAL

Reúne as diretrizes da empresa para a administração de salários e deve ser compatível com o perfil de profissional que ela deseja atrair e reter, devendo estabelecer em que faixa de mercado quer trabalhar. Deve também definir a frequência de avaliação de cargos, realização de pesquisas de mercado, formas de reajustes salariais, salário de admissão, procedimentos de promoção e concessão de mérito e outras políticas similares.

PESQUISA SALARIAL

Trata-se de um instrumento de apoio da administração de salários e normalmente é realizada por uma empresa especializada, que monitora os cargos do mercado. Os dados são coletados e analisados, constituindo um relatório de pesquisa que servirá para análises estatísticas e apontamento de tendências.

Para finalizar este assunto, observa-se que os sistemas de remuneração tradicionais sofrem algumas críticas. Segundo Wood Jr. e Picarelli Filho (1999), esse tipo de sistema promove um estilo burocrático de gestão; reduz a amplitude de ação dos indivíduos e grupos; inibe a criatividade, o espírito empreendedor; não considera o foco nos clientes internos e externos; reforça a orientação do trabalho voltada para o superior hierárquico; promove a obediência a normas e procedimentos e não à orientação para resultados; não tem orientação estratégica; não encoraja o desenvolvimento de habilidades e conhecimentos; torna as promoções excessivamente importantes.

Muitas dessas críticas podem ser contornadas, se as empresas adotarem práticas como: 1) alinhar o esforço individual ao objetivo da empresa; 2) orientar para processo e para resultado; 3) favorecer práticas participativas; e 4) desenvolver continuamente o indivíduo (WOOD JR.; PICARELLI FILHO, 1999).

SISTEMAS DE REMUNERAÇÃO ESTRATÉGICOS

O sistema de remuneração estratégico é uma combinação equilibrada de diferentes formas de remuneração (WOOD JR.; PICARELLI FILHO, op. cit.). As várias formas de remuneração têm aumentado pela necessidade de encontrar maneiras criativas de aumentar o vínculo e o comprometimento entre as empresas e seus funcionários.

As formas básicas, entretanto, permanecem as mesmas, podendo ser classificadas em grandes grupos: salário indireto; remuneração por competências; remuneração por habilidades; participação acionária; remuneração variável e participação nos lucros ou resultados (COOPERS et al., 1996).

A seguir, explorar-se-á, de maneira sucinta, cada tipo de remuneração considerada estratégica pelos pesquisadores.

SALÁRIO INDIRETO

O salário indireto compreende todo e qualquer benefício oferecido pela empresa a seus funcionários. Atualmente, fala-se inclusive em flexibilização de benefícios, compondo-se pacotes diferenciados de acordo com o interesse da empresa em reter ou atrair talentos humanos.

A consultoria internacional Arthur Andersen, especializada na área, realiza semestralmente ampla pesquisa sobre cargos, salários e benefícios, e, segundo estudo realizado no primeiro semestre de 1995, em que foram pesquisadas 112 empresas de pequeno, médio e grande porte, os benefícios mais praticados no Brasil são: aluguel de casa, assistência jurídica, assistência médica, hospitalar e odontológica, automóvel, auxílio-doença, *check-up* anual, complemento de aposentadoria, cooperativas, estacionamento, financiamento ou empréstimo, gratificação anual, instrução de dependentes, instrução de funcionários, seguros diversos, ajuda na aquisição de produtos e serviços da empresa, clube recreativo, assistência farmacêutica, ambulatório médico, creche, combustível, transporte, alimentação e cesta básica.

A pesquisa que a Hay Group realizou com 250 empresas cujo faturamento é superior a US$ 100 milhões mostra que os benefícios de *status* deram lugar às vantagens sociais. Isso significa que as empresas estão oferecendo planos de saúde mais amplos, com atendimento odontológico, subsídios de cursos e outros. Atualmente, o benefício mais disponibilizado aos funcionários, segundo a pesquisa, são os planos de previdência privada, que cresceram mais de 50% nos últimos dez anos (BOECHAT, 2000).

Os consultores da área de remuneração no Brasil destacam algumas vantagens e desvantagens do salário indireto, ou em forma de benefícios, tais como:

- É importante na tomada de decisão quanto à permanência do indivíduo na empresa ou mesmo na aceitação de um novo trabalho.
- Tem impacto na condição e qualidade de vida dos funcionários e de sua família.
- Se for concedido apenas a um grupo poderá gerar insatisfação por parte dos funcionários que não recebem o mesmo benefício.
- Permite ao funcionário, quando se trata de benefícios flexíveis, a opção de escolher, entre os disponíveis, aqueles mais adequados ao seu perfil.

REMUNERAÇÃO POR COMPETÊNCIAS

O tipo de trabalho tratado pela remuneração por competências, segundo Wood Jr. e Picarelli Filho (1999), é o de profissionais especializados e executivos, caracterizado pela variedade, abstração, incerteza e criatividade.

Esses autores observam que o aumento do interesse pela remuneração por competências é fruto da convergência de alguns fatores, como o contínuo crescimento do setor de serviços na economia e a demanda por profissionais mais qualificados; a ascensão das empresas de conhecimento intensivo, principalmente em setores de alta tecnologia; e, por último, o fato de as empresas terem feito reengenharia, desmantelando suas estruturas hierárquicas rígidas e implementando sistemas mais flexíveis.

O resultado é que muitas empresas começaram a desenvolver projetos relacionados ao tema "competências", procurando identificar conhecimentos, atitudes e comportamentos necessários para fazer frente à nova realidade.

As dimensões de remuneração por competências, de acordo com Wood Jr. e Picarelli Filho (1999), são:

- Especificidade *versus* generalidade: competências definidas com alto grau de detalhamento ficarão parecidas com elementos presentes em descrições de cargos. Elas terão aplicação restrita às funções, atividades ou processos para os quais foram criadas. Empresas com características de alto grau de técnica e reprodutibilidade em suas atividades devem utilizar preferencialmente alternativas mais próximas da especificidade. Se um sistema de remuneração objetiva lidar com aspectos mais gerenciais, tende para a generalidade. Empresas com características de alto grau de flexibilidade e agilidade devem utilizar alternativas mais próximas da generalidade.

- Existência prévia *versus* criação: uma prática usual entre empresas que adotam esse tipo de remuneração é estudar o comportamento de seus colaboradores que têm desempenho extraordinário, identificando o que os diferencia dos demais. Daí surge a definição das competências.

- Definição de baixo para cima *versus* definição de cima para baixo: a definição de baixo para cima segue a lógica dos sistemas tradicionais de remuneração e o sistema de carreira e remuneração por habilidades. Pode basear-se na tarefa, na atividade ou no processo. A definição de cima para baixo leva em conta as necessidades da organização no presente e no futuro.

- Complexidade e precisão *versus* elegância e leveza: é factível para cargos operacionais, mas tende ao anacronismo quando aplicada a cargos não operacionais, caracterizados pela variedade e imprevisibilidade.

- Fácil observação *versus* alto grau de abstração: muitas competências são difíceis de observar. Isso implica dificuldades tanto para definir a competência quanto para avaliá-la e definir a forma de remuneração.

- Grande durabilidade dos princípios *versus* pequena durabilidade dos princípios: a durabilidade dos princípios do sistema e das competências definidas deve ser determinada pela velocidade de mudanças no mercado e na empresa.

- Pagamentos regulares *versus* bônus único: pagamentos regulares, incorporados ao salário-base, podem ser adequados quando se trata de competências de alta durabilidade. O pagamento de bônus único a cada vez que o colaborador adquire nova competência, sem que o valor se incorpore a seu salário-base, pode constituir uma alternativa.

- Valor de mercado *versus* valor estratégico: se determinada competência é considerada fundamental para a organização, sendo parte de sua vantagem competitiva ou de suas competências essenciais, poderá ser valorizada acima da média de mercado. O contrário também é verdadeiro: se determinada competência é tomada como secundária, ela poderá ser valorizada abaixo da média do mercado.

Uma das tarefas mais importantes na construção de um sistema de remuneração por competências é a identificação destas. Para isso, Wood Jr. e Picarelli Filho (1999) sugerem estruturar o processo em etapas.

Num primeiro momento, devem ser levantadas as informações inerentes à intenção estratégica da empresa, obtendo-se, assim, a visão de futuro e a missão; num segundo momento, devem-se identificar as competências essenciais da empresa; num terceiro momento, é preciso desdobrar essas competências essenciais (coletivas) em cada área e processo; e, por fim, é necessário desdobrar as competências grupais em competências individuais.

Durante esse processo, fontes adicionais de informações sobre competências podem ser utilizadas:

- listas de competências: geralmente são fruto do trabalho de compilação de um pesquisador, que procura classificar categorias comuns a um grande número de aplicações;

- experiências de outras empresas: é preciso cuidar, aqui, para evitar a transposição sem análise, não se esquecendo de que cada empresa tem uma realidade distinta e deve gerar listas sintonizadas com suas peculiaridades/estratégias;
- análise dos principais processos de negócios: empresas que passam por programas consistentes de revisão de processos identificam os mais críticos e os redesenham, buscando maior foco no cliente e melhor desempenho. Se o programa de revisão de processos garantir a consistência e a coerência entre a estratégia empresarial e o redesenho dos processos, então será possível identificar as competências com base nas necessidades dos processos.

REMUNERAÇÃO POR HABILIDADES

Em consequência das pressões internas e externas sofridas pelas empresas, a remuneração por habilidades é uma das inovações gerenciais que mais crescem em popularidade. Segundo Wood Jr. e Picarelli Filho (1999), o surgimento dessa forma de remuneração se deve ao aumento da complexidade do ambiente de negócios registrado nos últimos dez anos nas empresas, o que resultou em uma série de tendências, a saber: estruturas organizacionais enxutas, com menor número de níveis hierárquicos e maior autonomia e amplitude de responsabilidades para indivíduos e grupos; valorização do trabalho em equipe; aumento da exigência de multiespecialização e visão sistêmica do negócio; foco no aperfeiçoamento contínuo; e pressões para redução de custos.

Todas essas mudanças se relacionam a um reposicionamento das empresas quanto ao capital humano. Na era de mercados globais e competição acirrada, em que a informação e o conhecimento passaram a ser fatores críticos de sucesso, o desenvolvimento dos colaboradores tornou-se crucial, pois manter o capital intelectual passou a ser muito importante para as organizações.

Segundo Wood Jr. e Picarelli Filho (op. cit.), no sistema de remuneração por habilidades não há mais a ligação direta com o cargo exercido pelo funcionário; existe, sim, um vínculo com a pessoa que o exerce. A base da remuneração passa a ser o composto das habilidades certificadas que o indivíduo possui. Os autores elucidam os componentes do sistema de remuneração por habilidades mais importantes, que são:

a) Blocos de habilidades: entende-se por habilidade a aptidão ou competência para realizar algo. A base para a remuneração é a habilidade ou bloco de habilidades. Pode-se remunerar por habilidade individual, quando esta possui alta complexidade, e por bloco de habilidades, quando é possível constituir grupos de habilidades simples. As habilidades são definidas de acordo com o contexto de cada empresa, e normalmente com base na complexidade e nos processos que compõem cada função.

b) Carreira: enquanto nos sistemas tradicionais o conceito de carreira está ligado a uma evolução vertical na hierarquia, nos sistemas por habilidades a progressão tende a ser horizontal. O funcionário evolui mediante a certificação de habilidades dentro de cada bloco, sendo gratificado pelo esforço em adquiri-las sempre e condicionando-as às necessidades do time e da organização. Caberá à empresa criar um plano estratégico de habilidades que determinará o número de funcionários que deverá ser treinado em cada habilidade, considerando-se o número mínimo exigido de habilidades, o grau de segurança que o processo exige e os custos de treinamento e remuneração de cada habilidade. Assim, conseguem-se administrar os custos da folha de pagamento, treinamento e a gestão do processo.

c) Avaliação salarial: dado que nesse sistema de habilidades não existe facilidade de pesquisa de cargos iguais ou similares no mercado, por falta de padronização, a comparação é mais complexa. O que se pode fazer é agrupar as habilidades, ou os blocos de habilidades, de tal forma que se possa realizar uma comparação com cargos que constem da pesquisa de mercado. Isso pode ser feito em relação a grandes faixas salariais, posteriormente associadas e correlacionadas internamente, de modo que se obtenha uma escala vertical gradativa de salários.

d) Evolução salarial: na remuneração por habilidades, há um vetor de crescimento da folha que é próprio do sistema, decorrente do aumento do agregado de habilidades, impactando positivamente sobre os salários individuais. Pressupõe-se que esse custo adicional seja um investimento cuja contrapartida se dê em termos de eficácia organizacional, aumento de produtividade e, consequentemente, racionalização de quadros.

e) Treinamento e desenvolvimento: com seus salários ligados diretamente à sua capacitação, os funcionários tendem a se interessar e a pressionar a empresa para a realização de programas de capacitação orientados para resultados. Sem treinamento e desenvolvimento, esse sistema deixa de existir.

f) Certificação de habilidades: é o componente mais importante do sistema, devendo ser feitas avaliações após o treinamento e, somente em caso de êxito, certificar o funcionário. É importante também realizar avaliações periódicas dos funcionários, a exemplo das auditorias aplicadas nos sistemas de qualidade da empresa. Não é aconselhável a utilização indiscriminada do sistema de remuneração por habilidades para qualquer tipo de empresa. Em geral, observa-se seu uso especialmente entre novas unidades industriais com projeto organizacional avançado, poucos níveis hierárquicos, utilização de equipes autogerenciadas e um estilo gerencial aberto e voltado para a administração participativa.

Esse sistema parece adequado também para empresas que passaram por projetos de reestruturação e precisam rever seus sistemas de apoio para dar sustentação à nova estrutura e ao novo estilo gerencial. Contudo, seu uso parece ser vantajoso somente em cargos operacionais e técnicos, pois não se encontra sua aplicação em cargos gerenciais.

Wood Jr. e Picarelli Filho (1999), a partir de uma adaptação de Lawler III (1990), descrevem os resultados positivos do sistema, enfatizando dois tipos de crescimento: um horizontal e outro vertical.

Quanto ao crescimento horizontal, destacam-se como vantagens para a organização: maior flexibilidade, adaptabilidade, minimização dos custos e redução dos índices de rotatividade e absenteísmo. Quanto ao crescimento vertical, as vantagens são: favorecimento da cultura participativa, visão sistêmica, inovação, comprometimento dos funcionários e aumento da capacidade de autogestão.

PARTICIPAÇÃO ACIONÁRIA

Flannery, Hofrichter e Platten (1997) afirmam ser esse um dos componentes mais complexos da remuneração estratégica. Isso se deve a dificuldades operacionais, causadas pelas implicações com a legislação trabalhista e a regulamentação do mercado financeiro, como a distância entre a forma de remuneração e a percepção de seu benefício.

Um programa de participação acionária diferencia-se de um programa de participação nos lucros ou resultados pelo seguinte aspecto: enquanto este último oferece ao funcionário uma recompensa – caso o desempenho da empresa a curto prazo supere determinadas metas ou objetivos –, o primeiro oferece a esse mesmo funcionário a copropriedade da empresa, focando uma relação de longo prazo. Segundo classificação de Coopers et al. (1996), as principais formas de participação acionária são:

a) Distribuição de ações: é a forma mais tradicional de participação acionária. Originalmente, ficava restrita aos níveis hierárquicos mais altos e era diretamente proporcional aos resultados da empresa.

b) Venda de ações: trata-se da disponibilidade, para os funcionários, em condições especiais de pagamento, de um número limitado de ações. As empresas costumam também condicionar a venda à manutenção das ações por períodos que variam de dois a cinco anos.

c) Opção de compra: é um direito que a empresa concede a seus funcionários, garantindo-lhes a possibilidade de compra de ações a um preço prefixado numa data futura, que geralmente varia de cinco a dez anos.

d) Ações virtuais: constituem uma modalidade ainda pouco conhecida no Brasil. Trata-se da concessão, pela empresa, a seus funcionários do direito a ações ainda não existentes ou não disponíveis. Essa categoria é mais utilizada quando existe perspectiva de crescimento da empresa por intermédio da criação de novos negócios ou expansão dos negócios existentes.

Para Coopers et al. (1996), as principais vantagens da participação acionária estão no aumento do comprometimento dos funcionários por meio da copropriedade; no incentivo a comportamentos proativos e ações de melhoria; no estímulo à colaboração e a esforços coletivos coordenados; e no estabelecimento de estímulo a ações individuais voltadas para o aumento do valor dos negócios.

Destacam-se como as principais desvantagens da participação acionária: as mudanças na legislação trabalhista e na legislação financeira; a distribuição inadequada de ações, que pode reduzir seu valor unitário e prejudicar acionistas; a valorização das ações fora do alcance dos funcionários, o que pode descaracterizar o sistema de recompensa como tal; e, por fim, os programas focados apenas em determinado grupo da empresa, o que pode conduzir a conflitos entre grupos participantes do programa de participação acionária e os não participantes.

REMUNERAÇÃO VARIÁVEL

ORIGEM

As alternativas de motivação dos funcionários por meio de recompensas financeiras – sistemas com os quais os gestores de pessoas atualmente se defrontam no Brasil – são bastante antigas. Na revisão da literatura, vários autores sinalizam alguns momentos relevantes da história que remetem a uma análise sobre sua importância.

No ano de 1794, o secretário do Tesouro do Governo dos Estados Unidos, Albert Gallatin, durante a gestão de um dos inventores da Revolução Americana, Thomas Jefferson, aconselhou a divisão dos lucros de sua companhia, a indústria de vidro New Genéve. Segundo Sussekind (apud ÁLVARES, 1999), passado um período – na França, precisamente em 1812 –, Napoleão Bonaparte fez um decreto em que concedia participação nos lucros para os artistas da Comédie-Française.

Collins e Porras (apud ÁLVARES, op. cit.) ressaltam a Procter & Gamble, que adotou o plano de participação nos lucros de forma ininterrupta desde 1887.

Frederick Winslow Taylor, que viveu de 1856 a 1915 e dedicou seus trabalhos científicos ao tempo necessário à execução de cada tarefa nas fábricas (tempos e movimentos), propôs um sistema de incentivo e remuneração com base no pagamento por produção, objetivando maximizar a produtividade das organizações (CHIAVENATO, 1998).

Henry Ford, quase na mesma época de Taylor, acreditava que, para ter boa produtividade, o operário deveria ser bem remunerado. Porém, nesse período o pagamento era realizado por peça produzida, o que gerava conflitos entre grupos que utilizavam o sistema de remuneração variável e os que não o utilizavam; criava conflitos entre funcionários e líderes; direcionava energias e foco exclusivamente para a tarefa; ignorava o potencial e inovação dos funcionários; estimulava a cultura individualista; e reforçava a desconfiança e a prática do controle restrito (ÁLVARES, 1999; CHIAVENATO, 1998; MARINAKIS, 1997).

Essa situação já não é mais condizente com a realidade atual das organizações, pois o tipo de trabalho diferenciou-se, tornando-se mais complexo e, por consequência, gerando mão de obra mais qualificada e exigente. Como salientam Coopers et al. (1996), o pagamento por produção ou por peça, como projetava Taylor, tornou-se pouco usual na maioria dos ambientes organizacionais.

Outro fato da história das organizações ocorreu nos anos 1930, quando a indústria de equipamentos elétricos Lincoln Eletric Company, de Ohio, nos Estados Unidos, utilizou uma política de participação nos resultados bastante similar aos programas adotados atualmente pelas empresas. A empresa tornou-se símbolo de sucesso empresarial e foi objeto de estudo de caso da escola de administração da Universidade de Harvard (WOOD JR.; PICARELLI FILHO, 1999).

Conforme Xavier, Silva e Nakahara (1999), o resultado operacional alcançado por ela apresentava três vezes a produtividade média das empresas do setor, e passou quase 60 anos sem ter prejuízo e três décadas sem realizar dispensa de funcionários. A remuneração variável adotada pela Lincoln Eletric baseava-se no pagamento de bônus aos funcionários pelo acréscimo de produtividade, na concessão de incentivos à baixa rotatividade e na adoção de participação acionária.

As formas de remuneração ligadas ao desempenho estão crescendo em todo o mundo e são consideradas inovadoras até hoje para as empresas brasileiras.

De acordo com Coopers et al. (1996), a razão mais relevante que leva à adoção da remuneração variável é a de estabelecer um vínculo entre a recompensa e o esforço realizado para conseguir o resultado estabelecido pela empresa. Por essa razão, quanto mais transparente for esse vínculo, melhor será para o sistema e para o funcionário.

Essa forma original de remuneração variável está sendo abandonada e substituída por novos modelos que sejam capazes de fazer frente à realidade atual das organizações, de maneira que traga benefícios à empresa e aos funcionários, harmoniosamente.

Ao se implantar um sistema de remuneração variável, as empresas buscam basicamente três resultados, segundo Coopers et al. (1996):

- estabelecer um vínculo entre o desempenho e a recompensa, visando estimular os indivíduos e os grupos a buscarem a melhoria contínua;
- compartilhar os bons e os maus resultados operacionais da empresa;
- transformar custo fixo em custo variável.

Os sistemas de remuneração variável devem ser construídos com base em alguns componentes considerados essenciais, de acordo com Coopers et al. (1996), a saber: fatores determinantes, indicadores de desempenho e formas de recompensa.

a) Fatores determinantes: englobam as condições de gestão sistêmica, comportamento organizacional, metas e objetivos, que são a formalização da expectativa de resultado da empresa.

b) Indicadores de desempenho: são indícios da organização e possibilitam aos indivíduos e grupos saber como suas decisões estão se refletindo no resultado global da empresa. Esses indícios podem ser quantitativos (expressos em números), qualitativos (resultados subjetivos) e comportamentais (em que se observam atitudes e posturas dos indivíduos e grupos).

c) Formas de recompensa: são as diferentes maneiras de remunerar os funcionários pelo alcance das metas e resultados organizacionais obtidos em determinado período.

Coopers et al. (1996) consideram como vantagens da remuneração variável o fato de reforçar uma cultura participativa e o trabalho em equipe; melhorar a coordenação do trabalho; conduzir a uma visão mais abrangente do negócio e dos sistemas; levar a uma ênfase em melhoria da qualidade e redução de custos; incentivar a busca de inovações de produtos, processos e gestão; reduzir a resistência a mudanças; aumentar a pressão dos funcionários por sistemas de gestão mais eficazes; aumentar, entre os funcionários, a compreensão da natureza do negócio; e reforçar a importância da convergência de esforços.

Na construção do sistema de remuneração variável, deverão ser definidos indicadores e metas de desempenho. É de fundamental importância que tais indicadores e metas sejam factíveis e convergentes com as diretrizes e os objetivos estratégicos da empresa.

Um dos modelos de remuneração variável está regulamentado na Lei n. 10.101, de 19/12/2000, denominada Participação nos Lucros ou Resultados (PLR). Essa lei aborda a participação dos trabalhadores nos lucros ou resultados das empresas privadas e estatais.

PARTICIPAÇÃO NOS LUCROS OU RESULTADOS (PLR)

A respeito do significado dos conceitos de participação nos lucros ou resultados, o professor Ney Prado (2001), especialista do direito do trabalho, declara que a participação nos lucros independe do resultado econômico da atividade da empresa, isto é, da venda líquida (descontados o custo e a despesa operacional). Já a participação nos resultados visa alcançar metas específicas, como faturamento, segurança, assiduidade, que são recompensadas por um adicional na remuneração.

Para esse pesquisador, há uma diferença entre lucro e resultado. Lucro é o que se obtém das atividades operacionais e financeiras da empresa, sendo publicado em balanço. O resultado, por sua vez, engloba as metas, objetivos e propostas de índices diversos que envolvem qualidade, produtividade, indicadores de recursos humanos estabelecidos durante e ao final do programa.

Para Silva (2004), o lucro é o contábil, o qual é encontrado no confronto direto das receitas, despesas e custos. Seu controle é efetuado por meio da escrituração nas respectivas contas contábeis e refletido nas Demonstrações Contábeis.

O resultado refere-se ao alcance de metas relacionadas à produtividade, qualidade e outros fatores pertinentes à realidade de cada empresa. Não implica obrigatoriamente a vinculação de ganho do ponto de vista contábil, podendo assumir diferentes aspectos de desafios na relação de trabalho.

Para Pontes (1995), a participação nos lucros, ao contrário da remuneração por resultados, não costuma utilizar fórmulas ligando indicadores e resultados a prêmios ou aumento de salários. Também não está necessariamente associada a práticas de administração participativa. O lucro está atrelado ao recebimento de uma bonificação que é vinculado aos resultados globais da empresa.

Sabe-se que esses resultados globais podem sofrer interferências muitas vezes externas à organização, estando, portanto, fora do controle dos funcionários. Logo, o vínculo entre esforço, dedicação e recompensa não fica claro, prejudicando a motivação, o estímulo e o desempenho (FLANNERY; HOFRICHTER; PLATTEN, 1997).

Marinakis (1997) sublinha que a participação nos lucros utiliza como variáveis os ganhos da empresa, fazendo uso de definições contábeis, cujo principal objetivo é estabelecer uma relação entre a remuneração e o sucesso organizacional. Em períodos de lucros, existe distribuição dos resultados, e, em períodos de crise, não há a mesma distribuição.

A participação nos resultados, por sua vez, incentiva o trabalho em equipe e melhora o desempenho individual. São estabelecidas metas organizacionais buscadas pelos funcionários.

Tais metas devem ser claras, adequadas, factíveis, havendo o completo entendimento dos objetivos organizacionais por parte dos funcionários, para que se alcancem as metas acordadas entre as partes; caso contrário, pode ocorrer desmotivação por parte dos funcionários, por terem consciência de que não conseguirão atingi-las.

Marinakis (op. cit.) ressalta que os sistemas de participação nos resultados não têm caráter permanente. Dependem do ciclo de vida da própria empresa e são permeados por fases de crescimento, consolidação e declínio. Por essa razão, requerem diferentes políticas de remuneração.

O Quadro 4.1 traz, de forma sintetizada, as principais diferenças entre a participação nos lucros e a participação nos resultados.

Coopers et al. (1996) sinalizam que existem alguns benefícios que devem ser ressaltados quando da adoção da participação nos lucros, bem como fatores condicionantes para seu êxito. Em termos de benefícios, é evidente que a mão de obra compreende melhor a natureza do negócio da empresa, e a convergência dos esforços é reforçada, proporcionando uma visão macro do negócio e dos sistemas, minimizando a resistência à mudança, porém exigindo ferramentas de gestão mais eficazes.

No que concerne aos fatores condicionantes, eles apontam que o valor monetário da participação nos lucros deve ser suficiente para estimular os

QUADRO 4.1 • DIFERENÇAS ENTRE OS SISTEMAS DE PARTICIPAÇÃO NOS LUCROS E NOS RESULTADOS

ASPECTOS	PARTICIPAÇÃO NOS LUCROS	PARTICIPAÇÃO NOS RESULTADOS
Objetivo	Maximizar o lucro da empresa	Motivar as pessoas; melhorar a qualidade dos produtos e/ou serviços; minimizar o uso de recursos; e estimular o trabalho em equipe
O que remunerar?	Lucro	Produtividade
Beneficiários	Toda empresa ou unidade da fábrica	Individual ou equipe
Intervalo de tempo	Por ano ou semestre	Por mês, por trimestre ou por semestre
Retribuição	Imediata ou mediata	Imediata (o trabalhador recebe em dinheiro)
Aspecto positivo	Os custos acompanham a ocorrência dos lucros; se ocorre lucro, há um custo; quando não ocorre lucro, os custos se reduzem	Os funcionários percebem sua influência no alcance dos lucros ou resultados organizacionais
Aspecto negativo	O funcionário não tem influência sobre decisões estratégicas ou fatores da economia que interferem na organização	Há dificuldade de identificar indicadores adequados para medir a eficácia e atrelar ao plano de remuneração

Fonte: Adaptado de Marinakis (1997).

esforços, assim como a transparência na divulgação dos resultados e, por fim, é preciso que haja clareza sobre o vínculo entre as ações individuais, ações da equipe, resultados da empresa e influências externas.

A participação nos lucros ou resultados é um dos tipos de remuneração variável determinada com base no desempenho do funcionário quando alcança metas e resultados previamente acordados entre as partes em determinado período. Portanto, a organização distribui anualmente aos funcionários certo percentual sobre seus lucros (XAVIER; SILVA; NAKAHARA, 1999).

É um indicador de lucratividade o lucro líquido demonstrado no balanço patrimonial, sendo o percentual distribuído e negociado entre as partes e concedido a título de participação nos lucros.

Na prática, a maior dificuldade da participação nos lucros ou resultados está na pouca transparência das empresas brasileiras em relação à divulgação pública de seu resultado financeiro, na falta de obrigatoriedade de publicação de balanços patrimoniais por parte das empresas limitadas (que não são Sociedades Anônimas), na falta de familiaridade do trabalhador com informações contábeis e, principalmente, na possibilidade de manipulação dos resultados dos balanços mediante artifícios contábeis (XAVIER; SILVA; NAKAHARA, 1999).

Existe, ainda, a possibilidade de formatar a participação adotando a maneira mista, negociando a participação nos lucros e nos resultados ao mesmo tempo.

Alguns acordos trazem a fixação de metas a serem atingidas, mas o pagamento só é realizado se a organização atingir o percentual de lucro desejado. Nesse caso, o funcionário corre o risco de se empenhar, conseguir atingir as metas e a empresa não atingir lucro – muitas vezes em razão do mercado ou outras variáveis intervenientes que estão fora do alcance do trabalhador (WOOD JR.; PICARELLI FILHO, 1999).

É importante ressaltar que, atualmente, as empresas adotam o sistema híbrido, ou seja, se houver lucro, haverá a distribuição dos resultados.

Para uma correta e adequada construção do plano de participação nos lucros ou resultados, Coopers et al. (1996) evidenciam alguns aspectos importantes: é preciso primeiro fazer o diagnóstico da empresa (suas características internas e interações com o meio ambiente); em segundo lugar, devem-se conhecer teoricamente os diversos tipos de remuneração; a seguir, é preciso definir claramente quais são os componentes do sistema para garantir os resultados; e, por fim, o plano deve ser transparente e funcional, de tal forma que assegure sua aceitação e manutenção.

O plano deve sempre garantir alguns princípios básicos, para que se obtenha o maior aproveitamento e se consigam reforçar os esforços individuais e/ou grupais na organização.

Segundo Coopers et al. (1996), existem sete fatores críticos para o sucesso de um plano de participação nos lucros ou resultados, ou seja, da remuneração variável. São eles: ter orientação estratégica clara; ter flexibilidade; garantir que os objetivos almejados estejam ao alcance dos funcionários; ter um horizonte e saber predeterminá-lo para que o sistema dure tanto quanto os objetivos estratégicos que lhe servem;

respeitar a diversidade (níveis hierárquicos, funções, unidades de negócios e outros); separar claramente a remuneração fixa da variável; buscar sempre a simplicidade – metodologias e fórmulas complicadas levam os funcionários à desconfiança com relação ao plano.

A implantação do sistema de remuneração variável, seja participação nos lucros ou nos resultados, provoca algum desconforto tanto para a empresa quanto para o funcionário.

Existem alguns custos a serem considerados: um deles é o custo direto, que vem a ser o custo para o diagnóstico da empresa, o estudo do sistema, a preparação do plano, a comunicação, a implantação e a administração do plano; outro custo é o indireto, a saber, aquele gasto com o treinamento e desenvolvimento das pessoas da empresa; e, em última análise, o custo psicológico, causado pelo estresse à mudança (XAVIER; SILVA; NAKAHARA, 1999).

CONSIDERAÇÕES FINAIS

Diante da complexidade que se tornou o mundo dos negócios, é fundamental que as ferramentas de Gestão de Pessoas sejam adaptadas e melhoradas de tal maneira que possibilitem às organizações agregarem valor aos seus produtos ou serviços com um capital intelectual mais comprometido e motivado, a fim de provocarem a alavancagem da empresa.

É importante ressaltar que resultados organizacionais positivos não acontecem por milagres, por decretos ou por acaso, mas são consequência direta do trabalho focalizado na qualidade, feito por colaboradores comprometidos com a organização, que tem clientes satisfeitos e parceiros proativos.

Dessa forma, faz-se necessário o conhecimento sobre as teorias da motivação humana explicitadas no presente capítulo, que objetivou possibilitar a comparação de várias abordagens a respeito do assunto, compreendendo, assim, o papel do gestor de pessoas na construção de sistemas remuneratórios que possam influenciar a motivação.

Tratou-se, aqui, da remuneração, possibilitando uma visão geral a respeito de vários pontos que merecem atenção especial e maiores aprofundamentos sobre a remuneração tradicional, ou seja, aquela que tem como princípio básico remunerar o funcionário pela responsabilidade do cargo.

Abordou-se, também, a remuneração estratégica, tendo como intenção levar o leitor a refletir sobre as novas possibilidades de remuneração que não a tradicional.

Na remuneração estratégica, ou seja, focada nas competências que o negócio organizacional necessita desenvolver, destacou-se a remuneração por competências, por habilidades, participação nos lucros ou resultados e participação acionária.

Observa-se, na prática, que nem todas as organizações estão prontas para atuar com um novo modelo de remuneração, por uma série de variáveis. No entanto, seria interessante que cada organização pudesse começar a considerar a possibilidade de mudança na forma de remunerar seus colaboradores, sob pena de perder capital intelectual que, sem sombra de dúvidas, no mundo contemporâneo, faz uma enorme diferença.

Por sua vez, os colaboradores também devem pensar sobre seus *gaps* em competências; não está muito longe o tempo em que não será mais necessária a elaboração de currículos, pois eles serão substituídos por um selo de certificação de competências. Elas serão comprovadas por órgãos certificadores, que diferenciarão cada pessoa no mundo corporativo.

REFERÊNCIAS

ÁLVARES, Antonio Carlos T. Participação nos lucros definida pelos resultados. *Revista de Administração de Empresas*, São Paulo, v. 39, n. 4, p. 70--77, out./dez. 1999.

BOECHAT, Yan. Pesquisa mostra avanço da remuneração variável. *Gazeta Mercantil*, São Paulo, maio 2000.

CHIAVENATO, Idalberto. *Recursos humanos*. São Paulo: Atlas, 1998.

COOPERS & LYBRAND et al. *Remuneração estratégica*: nova vantagem competitiva. São Paulo: Atlas, 1996.

COOPERS & LYBRAND; PICARELLI FILHO, Vicente; WOOD JR., Thomaz (Coord.). *Remuneração por habilidades e por competências*: preparando a organização para a era das empresas de conhecimento intensivo. São Paulo: Atlas, 1999.

FLANNERY, Thomas P.; HOFRICHTER, David; PLATTEN, Paul E. *Pessoas, desempenho e salários*: as mudanças na forma de remuneração nas empresas. São Paulo: Futura, 1997.

LAWLER III, Edward E. *Strategic pay*. San Francisco: Jossey-Bass, 1990.

MARINAKIS, Andrés E. Participação dos trabalhadores nos lucros e resultados das empresas no Brasil: um instrumento para acelerar a reestruturação necessária. *Revista de Administração de Empresas*, São Paulo, v. 37, n. 4, p. 56-64, out./dez. 1997.

PONTES, B. R. *A competitividade e a remuneração flexível*. São Paulo: LTr, 1995.

_____ . *Administração de cargos e salários*. São Paulo: LTr, 1998.

PRADO, Ney. Direito trabalhista. *Revista Problemas Brasileiros*, São Paulo, v. 39, n. 347, set./out. 2001. Disponível em: <http://www.sescsp.org.br>. Acesso em: 24 ago. 2004.

SILVA, Jessé Alencar da. *Programas de participação nos lucros e resultados*. Disponível em: <http://www.ufrgs.br>. Acesso em: 23 jul. 2004.

STONER, James A. F.; FREEMAN, R. Edward. *Administração*. Rio de Janeiro: PHB, 1995.

VROOM, Victor. *Work and motivation*. Nova York: John Wiley and Sons, 1964.

WOOD JR, T.; PICARELLI FILHO, V. *Remuneração por habilidade e por competências*. São Paulo: Atlas, 1999.

XAVIER, Paulo Roberto; SILVA, Mateus de Oliveira; NAKAHARA, Julio Massaki. *Remuneração variável*: quando os resultados falam mais alto. São Paulo: Makron Books, 1999.

LEITURAS SUGERIDAS

BERGAMINI, Cecilia. Motivação: uma viagem ao centro do conceito. *RAE Executivo*, São Paulo, v. 1, n. 2, p. 62-67, nov. 2002/jan. 2003.

CHIAVENATO, Idalberto. *Gerenciando pessoas*: como transformar os gerentes em gestores de pessoas. São Paulo: Prentice Hall, 2002.

DRUKER, Peter F. *Administrando em tempos de grandes mudanças*. São Paulo: Pioneira, 1996.

FERNANDES, Djair R. Uma contribuição sobre a construção de indicadores e sua importância para a gestão empresarial. *Revista da FAE*, Curitiba, v. 7, n. 1, p. 1-18, jan./jun. 2004.

FLANNERY, Thomas P.; HOFRICHTER, David; PLATTEN, Paul E. *Pessoas, desempenho e salários*: as mudanças na forma de remuneração nas empresas. São Paulo: Futura, 1997.

O SUAVE E O FRACO VENCEM
O RÍGIDO E O FORTE.

(TAO TE CHING)

GERENCIAMENTO SEM GERENTES: A EXTINÇÃO DO CARGO?

DANTE RICARDO QUADROS

Revisitando os momentos históricos da Administração, podem-se perceber a crescente preocupação com a hierarquização das empresas e a necessidade de gerências que efetivamente tragam resultados para a organização.

Neste início do século XXI, ao contrário da administração clássica, científica e burocrática elencadas pelos principais autores – Taylor, Fayol e Weber –, as empresas, em diversos segmentos, rápida ou profundamente, já fizeram ou passaram por processos de mudança, reduzindo *staff* e níveis gerenciais; buscaram alternativas de sucesso pela qualidade total, produção enxuta, reengenharia ou alternativas que conduzam à redução de custos e melhoria de serviços em um ambiente de extrema competição.

Nos últimos anos, os modelos gerenciais têm sugerido diferentes procedimentos e alterações nos organogramas, numa tentativa de respostas às ameaças e desenvolvimento das organizações. Não há mais lugar para práticas corporativas lentas e burocráticas com baixo valor agregado.

O momento empresarial vem determinando novas metodologias de trabalho que orientem ações gerenciais de modo ágil, eficaz, simples com poucos níveis hierárquicos, focadas no cliente e com uma permanente atenção à qualidade. E, também, que contemplem o avanço tecnológico, com custos cada vez mais baixos, em que as distâncias e fronteiras de oportunidades sejam estreitadas tanto nas possibilidades de negócios quanto na frequência das comunicações.

Todos esses fatores combinados acontecem de maneira rápida e desordenada, afetando os níveis de decisão das organizações que já não conseguem acompanhar, definir e saber exatamente o que está ocorrendo no funcionamento do mercado, fazendo vir à tona a necessidade de práticas gerenciais diferenciadas, ousadas e efetivas nas suas proposições de resultados.

A figura centralizadora do gerente tradicional foi profundamente afetada por constatações como: estar preso demais às rotinas, não ter as respostas adequadas para os problemas emergentes, não poder decidir rapidamente e, sobretudo, não contribuir direta e eficazmente para o atendimento das necessidades dos clientes.

Por sua vez, a experimentação de procedimentos participativos mediante a delegação promoveu a redução e eliminação dos níveis hierárquicos, proporcionando uma agilidade que era desconhecida no passado. Também vem criando condições para que várias pessoas contribuam com soluções inovadoras aos diversos problemas mercadológicos. "Acreditamos realmente que o *empowerment* do colaborador que nasce com a sensação de propriedade é pré-requisito fundamental para a melhoria contínua" (WELLINS; BYHAM; WILSON, 1994, p. 11).

O gerenciamento, visando à colaboração, foi praticado há muito tempo com a transferência de tarefas ao escalão inferior, quando gerentes ou supervisores delegavam responsabilidades de um trabalho aos seus subordinados, ficando livres da execução de certas tarefas consideradas impróprias.

O importante nessa forma de atuação gerencial é que promoviam o envolvimento e contentamento dos funcionários, dada a oportunidade que tinham de contribuir e poder ampliar a execução de suas tarefas e, assim, participar do sucesso da organização. No entanto, essa disposição de delegar tarefas inadequadas diferencia-se da delegação de poder ao funcionário, pois, além da execução, existe o requisito da autoridade (poder de decisão) e, ainda, a responsabilidade sobre a sua execução.

Ao contrário da imposição diretiva e concentração de domínio nas gerências tradicionais, a transferência de poder aos funcionários pela utilização do *empowerment* proporciona a possibilidade real do exercício da responsabilidade com autoridade. Esse procedimento é caracterizado como um conjunto de comportamentos compartilhados pelas pessoas e equipes, que se percebem como proprietárias do trabalho e sentem responsabilidade por ele, dando um significado muito mais amplo a sua execução. Um exemplo comum é a comparação de como uma pessoa cuida do próprio carro em relação a um alugado.

As empresas que, no século XX, apresentavam gerentes com um perfil autoritário e diretivo vêm, no decorrer dos últimos anos, alterando as características dos seus gestores e substituindo os métodos rotineiros de execução das tarefas por procedimentos mais simples e eficazes de gerenciamento.

Os "chefes" estão sendo substituídos por empreendedores que, no processo empresarial (criação/agregação de valores), mobilizam pessoas e recursos na busca permanente por resultados expressivos. Eles manifestam uma postura proativa e determinada no alcance de objetivos, desde a identificação das necessidades dos clientes até a criação e implementação de novas estratégias para atenderem a elas.

Atualmente, essa competência, que traduz um desprendimento da rotina e agrega diferentes recursos estruturais e humanos, constitui-se numa alternativa diferencial e marcante na obtenção de resultados. É essa ação arrojada e ativa que emana das pessoas que exercem liderança, e não dos gerentes tradicionalmente percebidos como ameaçadores e punitivos, uma vez que existe líder sem qualificações de gerente, como é possível haver gerentes sem, no entanto, serem líderes.

Os gerentes, hoje em dia, não podem ser comparados a muros que separam as pessoas, classificando-as por meio de regras e posicionando-as conforme o lado, em quem manda e quem obedece. O cenário contemporâneo de intensa competição mercadológica exige a figura de gestores que ajam como pontes, viadutos, atalhos e aproximem as pessoas num processo interativo que aumente a produtividade, a agilidade e a competitividade da organização.

Nessa nova perspectiva de gestão, a substituição de gerentes, que estejam consumindo seu tempo em tarefas desagregadoras para os negócios, por um líder participativo e atuante, que emprega o seu tempo em atividades que efetivamente agregam valor, vem legitimar a preocupação das empresas em compor um perfil gerencial diferenciado em relação ao passado.

Essa abordagem elege executivos que estão voltados para o exercício da liderança, para a criação de produtos e serviços, que tomam decisões estratégicas e solucionam problemas importantes que não puderam ser resolvidos pelas equipes de trabalho (KOCH; GODDEN, 2000).

Estudos organizacionais mostram que, ao contrário do que se fazia anteriormente em empresas com profissionais polivalentes, hoje muitos gerentes gastam um quarto de seu tempo em reuniões internas para descobrir o que aconteceu, quando algo dá errado. Outro quarto é gasto com discussões de políticas associadas a reuniões: identificando quem é culpado, quem sabe e precisa saber, como evitar que certas pessoas saibam do desastre e das reuniões resultantes.

Ainda outro quarto do tempo é dedicado ao que chamam de administração: mesmo para procedimentos e eventos a serem adotados referentes a mudanças na organização, justificativa de despesas e outros detalhamentos. Resta, assim, menos de um quarto do tempo para as reais e necessárias tarefas que agregam valor, como reunião com clientes, com fornecedor, vistoria de operações, treinamento e formação de equipes, estabelecimento de decisões estratégicas.

Os resultados encontrados em diferentes organizações, nos últimos anos, para surpresa e crítica de muitos, apresentam um conjunto de comportamentos gerenciais com propostas alternativas na relação homem/trabalho, demonstrando uma preocupação autêntica e participativa dos funcionários numa busca de melhorias tanto nas atitudes cooperativas quanto nos procedimentos que assegurem o avanço dos resultados organizacionais.

É uma forma fundamentalmente diferente de trabalhar junto, na qual os funcionários sentem-se responsáveis por fazer um trabalho, mas também por fazer toda a organização funcionar melhor; as equipes trabalham juntas para melhorar continuamente sua *performance*, e as organizações são estruturadas de maneira que as pessoas se sintam capazes de alcançar os resultados que querem e sejam recompensadas por agirem assim (SCOTT; JAFFE, 1998).

A análise detalhada de diferentes modalidades inovadoras de trabalho vem destacar uma em particular: o método participativo, que permite a compreensão de procedimentos capazes de passar uma maior autonomia de trabalho às pessoas.

Essa alternativa não se confunde com um mero "dar poder às pessoas", mas, sim, com "liberar" as pessoas para que possam fazer uso do poder, dos conhecimentos, das habilidades e da motivação que já têm, e que os terão reforçado neste processo de *empowerment* (BLANCHARD, 1996; SPECTOR, 1998).

Desse modo, a organização "energiza" as pessoas quando permite que assumam mais responsabilidade e façam uso do que sabem e ainda do que possam vir a aprender. Não se trata mais de uma pessoa gerente/chefe quem motiva, mas de um conjunto de fatores situacionais que tornam a pessoa mais disposta e comprometida em suas atividades.

Essa mudança de modalidade de trabalho provoca ainda outra, a comportamental. Nessa situação, a restrição proporcionada pelos níveis hierárquicos de uma organização mecanicista é rompida, e o *empower-*

ment permite que ela comece a atuar com uma estrutura organizacional horizontalizada, na qual o trabalho em equipe é intensificado, promovendo uma intensa troca de comportamentos que afetam diretamente os níveis estratégicos, táticos e operacionais. Trata-se de um processo pelo qual os gerentes gradualmente transferem às pessoas e equipes uma maior autonomia sobre a execução do trabalho; condições estas essenciais para um desempenho superior dos funcionários.

Um aspecto significativo da possibilidade de participação é a alteração da mentalidade tradicional de comando e controle para a concepção de um ambiente apoiador, de confiança e aprendizado, em que as pessoas têm a oportunidade de autodesenvolvimento, dando o melhor de si, em direção aos objetivos e metas preconizados pela organização.

A adoção de uma filosofia participativa exige mudanças em quase todos os aspectos da organização (BLANCHARD, 1996). Esse esforço se estende para as políticas, valores, incentivos e cultura da organização, reforçando o comportamento dos indivíduos e das equipes. Ao adotá-lo, é possível perceber que há uma mudança nos papéis dos gerentes e dos subordinados, fazendo que ambos tenham que aprender novas posturas e responsabilidades, tomando decisões e assumindo atitudes proativas e diferenciadas no trabalho.

Tal forma de trabalho modifica, significativamente, o estilo das gerências, as relações de poder, o modo pelo qual o trabalho é executado e o design com que as organizações estão sendo estruturadas.

No entanto, é preciso entender que dar poder aos funcionários é procedimento no qual os colaboradores participam e, com ele, influenciam o processo decisório da empresa, mas não se preocupam necessariamente com as posições estratégicas que, em última análise, se constituem em prerrogativa e responsabilidade do corpo diretivo da empresa.

Os efeitos que a transferência de poder aos funcionários tem sobre a organização se traduzem no alcance de resultados expressivos, ultrapassando as expectativas de eficiência, pois, à medida que as pessoas assumem maior controle sobre o seu ambiente de atuação e iniciam a auto-orientação dos seus esforços, manifestam um aumento na autoconfiança e na autoestima. Essa delegação de responsabilidade e autoridade confere aos funcionários uma sensação de satisfação e realização profissional. O poder dos participantes no processo deriva da importância que suas contribuições têm para influir e afetar a escolha final a ser feita pelo tomador de decisão. Esse processo dilui-se por todas as direções da organização: de cima para baixo, de baixo para cima e lateralmente.

O gestor passa a entender que a participação das pessoas pode influenciar os resultados da equipe e que os comportamentos interativos dos membros contribuem para a produtividade, qualidade e inovação, e cada colaborador pode fornecer alternativas na solução de determinado problema ou, ainda, outro pode e deve contribuir para melhorar os procedimentos em determinada situação.

Um fator importante a ser assinalado é que os funcionários, no decorrer do tempo, foram acostumados a acreditar que deveriam agir de modo submisso e obediente e não deveriam ter iniciativa, restringindo-se apenas às tarefas que lhes fossem designadas. Essas atitudes servis interiorizadas interferem nos esforços atuais para inserir os funcionários no comportamento cooperativo ou no assumir a possibilidade de tomada de decisão.

Deve-se observar que esses comportamentos estão diretamente relacionados ao estilo de gerência e à cultura da organização, que podem ser modificados mediante um processo de treinamento e desenvolvimento, proporcionando o aprendizado de uma nova forma de trabalho compartilhado.

Frequentemente, esse envolvimento ocorre por meio de cursos permanentes que preparam as pessoas para assumirem responsabilidades de forma adequada e competente. O homem é um ser que almeja o crescimento, a evolução, a "liberdade" (do pensar e do agir), independentemente da posição (funcional ou hierárquica) em que se encontre.

O funcionário que não está disposto a agir e decidir sobre o próprio trabalho também não se envolve, tampouco se motiva em uma ação/tarefa profissional, limitando-se a cumprir o que lhe foi designado, sentindo-se dependente e atrelado a chefes, normas e regras que cerceiam a sua liberdade.

As observações em diversas situações de trabalho mostram que o ser humano sente-se melhor e confiante quando é capaz de escolher qual ação é melhor e mais rentável para a organização, ciente que tem as condições necessárias de decidir sobre a execução e as consequências do seu ato de escolha.

Deve-se ressaltar ainda que a adoção das práticas participativas exige honestidade para com as próprias propostas de vida e reconhecimento das habilidades pessoais, disposição para correr riscos e cometer erros em um ambiente apoiador e colaborativo que assegure sempre, pela confiança e aprendizado, um melhor nível de desempenho.

UMA MANEIRA DIFERENTE DE TRABALHAR

Ao acreditar nas competências dos funcionários, a organização é capaz de mensurar, de forma objetiva, os resultados e benefícios que ocorrem tanto em relação às metas organizacionais quanto para a vida pessoal e desempenho do empregado. Envolvido, o funcionário manifesta um senso de propósito profissional e pessoal que se reflete na preocupação com a melhoria das tarefas, projetos e processos; apresenta um nível de desempenho superior à totalidade das equipes, contribui de modo significativo para a ultrapassagem dos índices e metas previamente definidos.

É pelo processo de *empowerment* que se transfere autoridade e responsabilidade ao funcionário. O termo abrange a palavra *power* (poder) "controle, autoridade, domínio"; e o prefixo significa "investir ou cobrir com". As pessoas, quando investidas de poderes (*empowered*), sabem que suas tarefas lhes pertencem e têm o direito de opinar sobre o modo de execução; elas sentem-se mais responsáveis, demonstrando mais iniciativa, produzindo mais, valorizando o trabalho e fortalecendo um nível desejável de autoestima. Scott e Jaffe (1998) defendem que o caminho rumo ao *empowerment* tem diversas pontes a serem transpostas, como: a inércia – dificuldade em decidir começar; a dúvida – não acreditar que seja possível criar um local de trabalho com *empowerment*; a raiva – culpar os outros pela necessidade de passar por essa situação; o caos – enxergar várias maneiras de chegar aonde se pretende e ficar perdido diante das escolhas.

A organização, por sua vez, beneficia-se do estabelecimento de um clima de confiança e suporte (participação/satisfação funcional) para aprimorar sua *performance* administrativa e operacional, refletindo-se na sua capacidade competitiva no mercado.

Estabelece-se entre a empresa e o funcionário uma parceria que alimenta e eleva os níveis de satisfação, produtividade, fortalecimento da equipe, responsabilidade e desenvolvimento profissional em que a autonomia favorece as atitudes e desempenho dos funcionários que permanentemente buscam o alcance de melhores resultados.

No transcorrer do tempo, pode-se verificar, na história das organizações, que várias foram as mudanças empresariais bem recebidas pelos funcionários, e poucas foram tão problemáticas quanto a implantação de ambientes de trabalhos autodirigidos. De modo particular naquelas estruturas onde os gestores não estão dispostos a abrir mão do poder.

Em certas culturas empresariais, torna-se difícil o entendimento do conceito de *empowerment* como uma alternativa gerencial que oferece possibilidades para o aproveitamento e desenvolvimento do potencial humano e realmente traz vantagens para o negócio. Também se pode constatar que, para alguns estilos de gerentes, as práticas de participação na empresa são dispersivas e trazem pouca contribuição, sendo consideradas de pouca utilidade.

Todo processo de mudança evoca conhecimento e informações para que os projetos e a tomada de decisão observem um padrão sensato e qualificado. Um empregado pode ter a clara compreensão de suas responsabilidades; ainda pode ter a autoridade necessária para assumir tais responsabilidades, porém, se ele não tiver o conhecimento e as informações necessárias, ficará limitado em sua capacidade para assumi-las. Sem o conhecimento e as informações adequadas, as pessoas veem-se diante de uma base não sólida para decidir com sensatez, ficando à mercê da sorte ou de seu *feeling*.

O desenvolvimento das pessoas nas organizações está relacionado com a qualidade e o volume de informações, enquanto o ritmo de sua disseminação fornece indicações do grau de flexibilidade de uma cultura organizacional. Quem estiver envolvido na tarefa de criar ou preservar uma companhia no futuro deverá considerar a informação um recurso, tentar compreendê-la da forma mais ampla possível e formular políticas de administração e utilização.

O propósito básico da informação é habilitar a empresa a alcançar seus objetivos pelo uso eficiente dos recursos disponíveis. Esses recursos são representados por pessoas, tecnologia, capital e a própria informação. Esta é tida como qualquer espécie de conhecimento ou mensagem que pode ser utilizada para aperfeiçoar ou tornar possível uma decisão ou ação. Também é elaborada para facilitar as funções de planejar, organizar, dirigir e controlar operações; "corresponde à matéria-prima para o processo administrativo de tomada de decisão" (OLIVEIRA, 1998, p. 35).

É importante pontuar que a capacitação das pessoas é um dos fatores críticos de sucesso para a sobrevivência das empresas neste novo século. É preciso prontidão para agir, ou seja, necessita-se de pessoas proativas que possam ousar, correndo riscos calculados, é verdade, mas que tentem buscar novas soluções para antigos problemas e se sintam motivadas a fazer isso.

Às vezes, as pessoas não têm consciência da necessidade das informações ou sequer de que estas existam. Assim, cabe ao gerente/líder incentivar constantemente a sua equipe (pessoas) a buscar as informações de que necessitam para a consecução de suas tarefas ou projetos.

O não fornecimento do conhecimento e de informações por parte de gerentes e supervisores que agem de modo mecânico e tradicional pode acarretar sérios comprometimentos aos projetos da organização. É comum a "sonegação" do conhecimento e da informação por parte de um chefe/gerente inseguro que "precisa ter algo mais" do que os seus comandados como forma de manter o "controle" ou o "poder". Outras vezes, essa "sonegação" acontece por esquecimento, por falta de capacidade ou até por excesso de fornecimento das informações, complicando e sobrecarregando pessoas e tarefas.

Vive-se em uma era em que o conhecimento e a valorização do capital humano são necessários, porém, só o conhecimento não basta. É preciso que esse conhecimento seja colocado em prática, pois são as ações provenientes dele que gerarão as soluções de que se necessitam. Resultados são consequências do poder humano de criar soluções para os problemas ou desafios.

Sem conhecimento e sem informação, as pessoas não podem agir com responsabilidade. O êxito do *empowerment*, segundo Blanchard (1996), está assentado na observância de três procedimentos considerados chave:

- Compartilhar as informações com todos – é a chave para o *empowerment* das pessoas e das organizações, pois permite um claro entendimento da situação, auxiliando o desenvolvimento da confiança no ambiente organizacional, derrubando a famosa "hierarquia" e promovendo maior responsabilidade das pessoas envolvidas, pois estas se sentem donas da organização e não somente meros empregados.

- Criação da autonomia a partir de limites:
  - Propósito: qual é o seu negócio?
  - Valores: quais são suas diretrizes operacionais?
  - Imagem: qual é sua visão de futuro?
  - Objetivos: o quê, quando, onde e como?
  - Papéis: quem faz o quê?
  - Estrutura e sistemas organizacionais: como você dá suporte às suas atividades?

Esses limites criam a autonomia para o *empowerment* e auxiliam em aspectos como: compartilhar as informações; clarificar a contribuição de todos e os objetivos; definir valores e regras; facilitar a tomada de decisão e fazer lembrar que o *empowerment* é uma jornada.

- Substituição de hierarquias por equipes autogerenciáveis – pois suas ações realizam mais do que os indivíduos sozinhos.

No entanto, para que a força de trabalho seja eficaz, é preciso existir um grande envolvimento de todos com os propósitos da organização, que os líderes transmitam sua visão de modo claro e objetivo e não haja dúvidas quanto aos valores e missão. As pessoas precisam perceber e sentir que seu trabalho está alinhado com os procedimentos em relação aos resultados, e suas atuações estão voltadas para o melhor atendimento às necessidades dos clientes.

Torna-se marcante também o fato de que por parte das empresas deve existir não apenas um hábitat propício e encorajador às práticas cooperativas, como também uma política de incentivos que possa recompensar todo esse movimento, mesmo porque o aproveitamento adequado da mão de obra se constitui em vantagem competitiva.

No mundo corporativo, percebe-se cada vez mais a necessidade de potencializar o ser humano e resgatar a sua individualidade. Estão sendo adotadas premissas que valorizam o ser humano no trabalho, considerando diversas dimensões da sua existência, intensificando valores, restaurando a autoestima e levando as pessoas a contribuírem, de modo digno e consciente, para a construção de organizações saudáveis e competitivas.

AS RESPOSTAS PARA AS NOVAS EXPECTATIVAS

Pelo processo perceptivo, os gerentes interpretam e transformam as informações que recebem do ambiente em respostas consideradas apropriadas ao alcance dos objetivos organizacionais. A percepção

> [...] é um modo de formar impressões sobre si mesmo, sobre outra pessoa e sobre as experiências diárias de vida. Também é uma peneira ou filtro através da qual a informação passa antes da causa/efeito sobre a pessoa. Portanto, a qualidade ou exatidão das percepções causa um impacto fundamental sobre as reações a uma determinada situação. (SCHERMERHORN; HUNT; OSBORN, 1999, p. 74)

Esse processo de identificação rápida das ameaças e oportunidades que correm no mercado é relevante para a tomada de decisão dos gestores e funcionários diante das variações frequentes e diferenciadas que afetam as organizações. Ambos estão cientes das consequências relacionadas às práticas de trabalho e que estas precisam ser revistas e atualizadas com urgência.

As alterações que estão ocorrendo em vários aspectos na sociedade são imediatamente percebidas e sentidas nas empresas e trazem um repensar contínuo, descartando as práticas que não estão dando certo. A exigência de uma nova forma de exercer o trabalho envolvendo o binômio desempenho/tarefa tem sido marcada como prioritária no processo perceptivo gerencial que impulsiona o perceptor (gerente) a buscar um novo ambiente (alternativas) e um novo percebido.

Para atingir os novos padrões organizacionais e de exigências no trabalho, os funcionários (independentemente da escala hierárquica em que se encontram) estão convidados a esquecer como as coisas eram feitas no passado e supor como poderão ser feitas de modo mais eficaz agora e no futuro.

É muito provável que a época em que se vive seja lembrada como aquela em que a forma com que as pessoas trabalham foi fundamentalmente alterada, quer pelo enxugamento das organizações (reestruturações, variações na economia e outras), quer por seus impactos diretos na vida diária das pessoas.

Em uma empresa tradicional, onde as gerências exercem o poder de modo rotineiro e clássico, a adoção de um modelo de trabalho em que os funcionários passem a ter maior participação nas decisões pode causar incômodo, insegurança e reações inesperadas nos envolvidos. Para proporcionar as respostas aceleradas e inovadoras que as organizações necessitam, é preciso enfrentar os entraves inevitáveis ocasionados pelos processos de mudança.

Para haver a mudança, é preciso, antes, saber aonde se deseja ir e o que se deseja fazer. Ou seja, que resultados se deseja obter? O foco do esforço das alterações está em geral no comportamento ou em sistemas, e não diretamente nas forças causais que determinam como opera uma organização – sua estrutura subjacente (DENTON, 1995).

Mudança, seja ela do tipo que for, é sempre ameaçadora. Não apenas existe a incerteza do novo, como também a perda de um amigo confiável – o modo como sempre se fizeram as coisas por aqui (WILSON, 1996).

Toda mudança organizacional, por causar alterações de procedimentos nas rotinas operacionais, inicialmente implica níveis de resistência em que, diante do novo, os indivíduos com frequência se sentem inseguros, retraindo-se na manifestação dos seus comportamentos e opiniões.

A situação ainda pode tornar-se aversiva, provocando reações de defesa que refletem o receio angustiante da pessoa em fazer ou apoiar qualquer modificação proposta. Essa resistência é encarada pelos agentes de transformação organizacional (internos ou externos) como uma etapa que precisa ser ultrapassada de modo tranquilo e esclarecedor para que, posteriormente, as demais alterações tenham sucesso.

A oposição à mudança é uma forma de alegação do indivíduo, grupo ou organização contra algo importante para eles e que, aparentemente, é ameaçado pela adoção de novos procedimentos. Essas atitudes de esquiva podem ser consideradas uma resultante do processo perceptivo. A resistência é uma forma de reação ao medo do desconhecido, da insegurança do novo, do sentimento da necessidade de não mudar.

Nesse sentido, é útil enfrentar as manifestações de resistência como uma oportunidade de *feedback* a ser usado pelo gerente como uma ferramenta para se compreender uma melhor forma de atuação no alcance dos objetivos.

Diante das reações ao novo, quase sempre, as organizações respondem sob a forma de imposição, de uso do poder, ou seja, influenciam autoritariamente as pessoas e grupos, forçando uma adesão muitas vezes arbitrária em relação a ideias e comportamentos. Em todo início de processo de mudanças, nem todos se mostrarão entusiasmados em assumir responsabilidades adicionais. Tanto supervisores quanto gerentes devem esperar várias reações e de diversos níveis de aceitação. Long (1997) sugere algumas reações que podem vir a acontecer, como:

- Suspeita: algumas pessoas duvidam que a gerência seja sincera quanto a propiciar maior controle sobre decisões (chefes centralizadores, inseguros).
- Temor: algumas pessoas poderão considerar que a delegação de poder não passa de um plano para a empresa eliminar funcionários incapazes de tomar decisões e até outros considerados *personas non gratas*.
- Desagrado: com o testemunho, por parte de alguns, de tentativas anteriores de introdução de uma filosofia de "liberação", o plano pode vir a ser encarado como um esforço mal orientado.
- Entusiasmo exagerado: é possível que algumas pessoas possam esperar assumir o controle total de todas as decisões relacionadas à sua área de atuação e até querer dirigir todo o trabalho.

Todas essas formas de comportamento podem ser contornadas, se a gerência estiver preparada e disposta para explicar detalhadamente a necessidade das alterações e dedicar tempo adicional à orientação dos envolvidos no processo.

Entretanto, nem sempre isso acontece, uma vez que ainda é grande o número de gerentes que percebe o aparecimento ou tentativa de modificação dos sistemas de trabalho como uma forma invasora e indesejável de procedimentos, tendo dificuldade em avaliar de maneira adequada o impacto, quer em suas vidas, quer na organização. Tal dificuldade de percepção normalmente acarreta outros problemas para o ambiente organizacional.

Algumas chefias superestimam ou subestimam o impacto e as repercussões das modificações que vivenciam. Não conseguem ser objetivas na percepção da realidade, perdendo a sensibilidade em relação às ameaças e posições competitivas de mercado, e acabam preferindo se ater à ilusão da continuidade de procedimentos ou à segurança imobilizadora daquilo que sempre foi.

A mudança de estrutura conduz a uma mudança automática e inevitável de comportamento. É difícil ser feita porque as pessoas não entendem o que realmente conduz suas organizações. Fritz (1997) explica que o pensamento é: aqui está o problema, o que devemos fazer com ele? O ponto é: a estrutura é a influência mais importante e poderosa que existe dentro da organização. Se não pudermos lidar com a estrutura, não seremos capazes de mudar fundamentalmente a organização.

Denton (1995) expõe certos pré-requisitos para a mudança e, sem eles, nem é bom começar:

1. Forte razão para mudar. As pressões competitivas estão forçando as empresas a adotarem estratégias e estruturas flexíveis. A competição, a mudança constante e a nova ênfase no cliente forçaram as empresas a se tornarem mais rápidas e mais receptivas. Está implantada a motivação para a mudança.

2. Decidir o que é necessário para realizar mudanças construtivas. Aqui é fundamental um foco central de mudança. Não basta fazer; é preciso decidir o que se deseja fazer, o que é realmente essencial para mudar as coisas e seguir nessa direção. As coisas funcionam melhor quando se sabe o que se quer fazer e segue-se um plano.

3. Medir a mudança antes de tentar mudar. É a forma de determinar até que ponto ela ocorreu. Se a empresa não tem um bom sistema gerencial, não está preparada para a mudança.

As organizações mudam, embora nem sempre demonstrem as inúmeras alterações realizadas, mesmo que ainda pareçam resistentes. Tais modificações ocorrem de maneira lenta e quase imperceptível. Pesquisas realizadas por March (apud O'TOOLE, 1997) apontam cinco situações relacionadas à mudança organizacional:

1. As organizações estão sempre mudando, mas essa mudança não pode ser arbitrariamente controlada.

2. A mudança nas organizações depende de alguns processos estáveis, ressaltando a importância de se analisarem tanto esses processos quanto as mudanças que eles produzem.

3. As teorias da mudança organizacional não diferem da ação organizacional, considerando-se que muitas das mudanças são simples respostas às forças econômicas, demográficas, entre outras.

4. Apesar de as respostas ambientais dadas pelas organizações serem quase rotineiras, as forças ambientais são confusas e nem sempre as respostas são fruto do que se esperava.

5. A adaptação a um ambiente mutante envolve uma inter-relação dos elementos racionais e não racionais (ações simbólicas e ambiguidades).

As organizações são modificadas em resposta ao seu ambiente e, para promover tais respostas, elas necessitam de um equilíbrio entre os processos explicitamente sensíveis às transformações, como as etapas de resolução de problemas, o aprendizado e planejamento, e elementos não racionais (sentimentos, angústias e incertezas) que estão presentes no processo de mudança, quando se considera o sistema como um todo.

Uma modalidade de trabalho cooperativo, fundamentalmente centrada no desempenho interativo das equipes, não consiste apenas em "dar o poder às pessoas", elas têm que querer e conseguir (sentir-se possuidoras daquela possibilidade). Em um ambiente de *empowerment*, os funcionários percebem que podem influenciar diretamente os resultados do trabalho. Sentem que são responsáveis pelos índices de produtividade, qualidade e satisfação do cliente.

O trabalho em equipe e os procedimentos relacionados a uma maior participação do funcionário não são suficientes para garantir uma mudança organizacional, tampouco o seu êxito. A empresa pode proporcionar um desejo de participação e expor os empregados a novas situações e responsabilidades, mas todas essas práticas não terão eficácia a não ser que esses funcionários tenham ferramentas adequadas para gerenciar a nova situação. Na execução de tarefas diferenciadas, quanto maior a responsabilidade assumida pelo ocupante do cargo, maior a necessidade do desenvolvimento de habilidades e ferramentas para implementá-las, sejam elas de natureza técnica, sejam de natureza interpessoal.

O processo de horizontalização das organizações por meio das pessoas com maior autonomia agindo em equipes autodirigidas constitui-se em uma modalidade de trabalho em que os esforços de gestão estão considerados de forma madura e responsável.

E, à medida que diminuem os níveis hierárquicos da organização, muda significativamente o relacionamento entre os seus integrantes (chefes e subordinados) e se reorganiza a estrutura do poder (decisão). A mudança do processo decisório começa a ocorrer quando as organizações se propõem a rever o papel e as atribuições dos seus funcionários.

Grandes organizações, em várias partes do mundo, ousaram modificar-se e experimentar estruturas simples, operações padronizadas e sem comandos específicos, validando uma maneira de gerenciamento exercida em equipes pelas próprias pessoas em suas atividades de trabalho. Esses procedimentos ousados, diante das estruturas hierárquicas tradicionais, constituem respostas às expectativas desejadas de mudanças.

GERENTES E NOVOS PROCEDIMENTOS DE GESTÃO

Essas diferentes prerrogativas de ação contrastam abertamente com os preceitos da gerência tradicional, cujos executivos, em última análise, pensavam, decidiam e mandavam os subordinados executarem tarefas decididas por eles como convenientes aos objetivos do negócio.

Tais limitações de procedimentos, por parte dos funcionários, são ocasionadas, com frequência, por uma ação gerencial presente em culturas organizacionais centralizadoras, diferenciando-se totalmente daquelas empresas que adotam os preceitos do trabalho compartilhado com a intensificação dos valores humanos e colaborativos, ações proativas de liderança, agilidade da estrutura funcional e oportunidade permanente de aprendizado.

De maneira geral, por um lado o gestor, hoje, encontra-se ameaçado pelas organizações que buscam e pressionam pelos melhores resultados e, por outro lado, pelo grande número de obstáculos e incertezas para a escolha e implementação de novos procedimentos no trabalho.

Um dos maiores entraves dos processos de gerenciamento organizacional não está propriamente relacionado com a maneira de pensar em relação à metodologia de resolução de problemas, mas, sim, "na habilidade de melhorar os procedimentos do processo decisório". Essa é uma questão decisiva para garantir a melhor forma de aperfeiçoar a produtividade e a competitividade. Existem muitas maneiras de se abordar essa demanda, e uma delas é a implementação de redes de informações. E, ainda, outra forma de acelerar a transformação dos procedimentos de trabalho de rotinas é a eliminação de barreiras ou muros organizacionais entre departamentos (DENTON, 1995).

Para o gerente interessado em começar um processo de mudança que proporcione resultados efetivos no desempenho pessoal e organizacional, uma das estratégias é observar e estudar os comportamentos das pessoas diante das situações que estão vivendo em suas atividades e aqueles que consideram desejáveis. Para isso, pode-se valer das conversas formais ou não, entrevistas e todos os canais que possibilitem uma comunicação eficaz.

Outro procedimento desejável está relacionado a uma "campanha de identificação de posicionamentos" que, de modo transparente e confiável, pode ajudar a compreender as situações e os pontos de vista dos funcionários com posicionamentos diferentes daqueles que estão sendo buscados na organização.

Nesse caso, o importante é reconhecer e discutir as reações contrárias, construindo a possibilidade do diálogo e pontes entre conceitos divergentes. "Ao trazer as opiniões dos menos entusiasmados à tona, os gerentes devem assegurar aos empregados que eles são valiosos para a empresa e que o *empowerment* é uma meta autêntica que atinge toda a companhia" (LONG, 1997, p. 24).

Para o gerente que atua como líder, a participação ativa dos funcionários é um processo que aumenta o desempenho e o comprometimento independentemente dos níveis e funções que exerçam. Promover a confiança mútua, a credibilidade e estimular a participação cooperativa no trabalho em equipe constituem as novas atribuições do gerente.

Seu papel envolve ampliar, aprofundar e disseminar as comunicações verticais e horizontais por toda a organização. E, ainda, contribuir para a construção da confiança, desenvolvendo um clima organizacional em que os conflitos podem ser administrados e tratados com abertura, franqueza e sinceridade, já que a ética do relacionamento interpessoal e intergrupal alastra-se num cenário de gestão cooperativa.

Muitas vezes, os dirigentes pressupõem que os membros de sua equipe naturalmente reagirão de forma positiva aos planos e desejos de descentralização, qualidade de trabalho ou transferência de parcelas significativas de poder. Entretanto, deixam de perceber a realidade das relações estabelecidas entre os subordinados e posicionam-se de modo a pensar como eles perceberiam e reagiriam se fossem subordinados.

No entanto, as percepções e atitudes podem ser diferentes e contraditórias. Para que esse distanciamento seja evitado, os gerentes e os membros de equipes devem se dispor a construir, juntos, alternativas que, de forma compartilhada, mantenham assegurado um processo sistemático de respeito e mútua consideração.

As alterações mercadológicas que se transformam no inesperado são capazes de afetar as previsões do corpo gerencial mais bem preparado. Não basta aos líderes apenas reunirem as pessoas e desenvolverem em conjunto o maior número de cenários.

Não basta fazerem o elenco de uma grande quantidade de fatores capazes de determinar consequências adversas e criar alternativas para superá-las. É preciso uma nova atitude, uma maneira apurada de pensar e um olhar atento às alterações, aproveitando os benefícios do que é novo com o discernimento de saber trabalhá-lo como parte integrante do cotidiano organizacional.

Para isso, a atitude racional não será o suficiente; será preciso o manejo da emoção, dos sentimentos e a compreensão das predisposições psicológicas, para que seja possível o empreendimento de esforços na busca de melhores maneiras de fazer aquilo que já vem sendo benfeito.

De modo geral, as pessoas estão acostumadas a posturas voltadas à permanência das coisas e à certeza das relações e, quando muito, apenas aceitam a mudança de forma gradual e evolucionária. Os seres humanos apresentam uma incapacidade inata para aceitar e conviver com o novo, entretanto, mostram-se naturalmente receosos diante do imprevisto, pois, apesar das adversidades da natureza, o processo de socialização e educação favorece atitudes estáveis para um cotidiano previsível.

Então, é preciso que o corpo gerencial, em primeiro lugar, aceite, tome para si como verdadeiros os preceitos propostos de alterações dos procedimentos gerenciais antes de exigir a mudança dos outros. Tais práticas devem ser incorporadas nas atitudes no trabalho e ser diretamente percebidas pelo quadro funcional.

A verdadeira mudança é aquela que ocorre no nível pessoal, é um encontro consigo mesmo, ou seja, com o próprio papel gerencial. O gerente que não estiver disposto à automudança para rever seus conceitos e comportamentos não poderá sugerir ou demandar qualquer mudança a quem quer que seja.

Ser líder é, antes, perceber-se para poder assumir o papel de educador e responsável (*coach*) pelo desenvolvimento de seus liderados. A análise e resolução dos próprios problemas favorecem a intervenção nos funcionários, para que estes aprendam a avaliar e entender a dinâmica das mudanças e o enfrentamento do inesperado.

Uma liderança efetiva favorece o encorajamento para enfrentar o incerto. Permite confrontar a ambiguidade e desenvolver uma competência para administrar situações inesperadas. Mais do que ser um gerente, um líder assegura aos liderados as condições de execução da tarefa e satisfação pessoal.

Entender a dinâmica da organização, o comportamento de seus liderados, assim como os comportamentos contraditórios (rejeição/ aceitação), é tarefa primordial do líder voltado à promoção das mudanças significativas para a organização.

Diversos são os desafios para o líder, sendo importantes o despertar e cultivar nos funcionários a vontade de participar, de cooperar, de tomar decisões e correr riscos, de forma a promover o amadurecimento da organização e das pessoas que dela participam (WELLINS; BYHAM; WILSON, 1994).

A abordagem alternativa por *empowerment* contempla empresas estruturalmente mais enxutas, dentro de uma perspectiva de maior horizontalização do organograma e sua hierarquia. O líder utiliza o processo sinérgico das equipes como forma de envolver e comprometer os participantes em decisões e responsabilidades visando ao alcance dos objetivos. Na prática, trata-se de uma ampliação das possibilidades de atuação do funcionário, assegurando posicionamento e influência pessoal em todas as questões relacionadas ao seu desempenho no trabalho.

No modelo tradicional, a figura do supervisor, chefe ou gerente constituía-se na autoridade imediata que decidia, determinava e avaliava o que podia ou não ser feito, caracterizando uma relação peculiar de ordem e subordinação em que um ser humano pensa e o outro executa. Em consequência, os sentimentos de impotência e exclusão das pessoas refletiam-se de várias maneiras na execução das tarefas, desde o estrito cumprimento das ordens, passando pela apatia, indo até a total falta de compromisso com aquilo que foi solicitado.

As arbitrariedades facilitadas por quem detém o poder poderiam ser amplamente exemplificadas, desde questões banais do dia a dia até abusos mais graves em exigências absurdas ou contraditórias de natureza puramente pessoal do chefe.

A impossibilidade de reação e a presença constante de um clima sombrio de injustiças eram acompanhadas por uma natural busca de regalias, gerando, quase sempre, uma grande rivalidade e competição entre os próprios companheiros de jornada. Esse cenário de distanciamento e desconfiança, tão comuns em empresas racionalmente orientadas, influencia de maneira significativa a saúde do trabalhador, a qualidade dos serviços e os índices de produtividade.

Por mais que as empresas rigorosas e formais disponibilizem seminários de sensibilização às mudanças, reuniões de conscientização sobre atitudes e modernas formas de trabalho, as percepções de cada pessoa, suas necessidades, medos e defesas estão presentes diante de propostas inovadoras de trabalho, persistindo as dúvidas diante das intenções.

As dificuldades são ainda potencializadas quando os funcionários estão colocados diante de uma proposta desconhecida, inusitada e aparentemente sem nexo: trabalhar sem chefe! Deve-se considerar, ainda, que os problemas relacionados à mudança não são apenas de ordem pessoal, mas também de detalhamento dos diversos aspectos da produção, envolvendo fluxos, máquinas, equipamentos, ferramentas, espaço físico etc.

Entretanto, pelo método participativo, as decisões pela alteração do *layout*, a construção de novas instalações, a alteração dos sistemas, a integração de áreas e a introdução de novos conceitos de trabalho podem ser compartilhadas, etapa por etapa, com todos os afetados. Planejar, alocar recursos e designar locais para cada equipe em particular tornam-se um grande desafio para as lideranças que querem as melhores respostas.

Quando as pessoas são consideradas e ouvidas, o interesse delas e sua disponibilidade aumentam diante da possibilidade que cada um tem de analisar, discutir e decidir sobre as questões relacionadas ao seu trabalho. Desde a escolha do representante (líder temporário) até a decisão sobre um novo integrante da equipe, tudo constitui-se em oportunidades em que as ideias de todos são realmente consideradas. Além disso, nas reuniões de trabalho, os assuntos prioritários podem ceder lugar às opiniões sobre o desempenho.

Falar e ser entendido, decidir e assumir responsabilidades fortalece o sentimento de pertencer a uma equipe que tem uma identidade e está em busca de algo melhor para todos. O clima dessas relações estimula iniciativas jamais imaginadas no passado, desde a preocupação com a limpeza e segurança, horários, procedimentos, até a busca de autodesenvolvimento.

Os resultados alcançados pelo empreendimento proporcionado através do *empowerment* foram tão significativos que, em algumas organizações, certos indicadores mostraram-se surpreendentes em diversos aspectos da atividade laboral: diminuição no número de abstenções; das visitas ao ambulatório médico; de erros e, consequentemente, redução de desperdício e custos; melhoria na qualidade do produto; nas atitudes no trabalho; aumento da responsabilidade e do comprometimento com os resultados.

A adoção das práticas gerenciais relacionadas ao *empowerment* proporciona o entendimento de que o trabalhador pode ser mais confiante, crítico, criativo e, sobretudo, mais livre para trilhar o caminho da autodeterminação, se tiver oportunidade de vivenciar na empresa a experiência do autogerenciamento.

A importância e o conceito da informação como elemento indispensável ao desempenho da atividade gerencial salta aos olhos. À luz desse novo cenário, a capacitação das pessoas será um dos fatores críticos de sucesso e sobrevivência das empresas nestes novos tempos. A proatividade é outro ponto positivo; pessoas que possam ousar (correndo riscos calculados), mas também buscar novas soluções para antigos problemas e sintam-se motivadas a fazer isso.

O mundo dos negócios está promovendo uma convicção de que a qualidade de vida tem uma importância cada vez maior para as empresas interessadas em atrair e manter talentos. A área de Gestão de Pessoas vem intensificando esses valores e estabelecendo estratégias que imantam colaboradores de alto desempenho cujas características são: o conhecimento do trabalho e a informação permanentemente encontrados em todos os níveis da organização.

Líderes que almejam resultados e desenvolvem pessoas são capazes de formar colaboradores empoderados. Estes, por sua vez, estão preparados para agir e tomar decisões sobre o trabalho em todos os seus aspectos, não precisando de alguém para lhes dizer o que, quando e como fazer, abandonando definitivamente os antigos chefes que, nas organizações vencedoras e humanizadas, de maneira gradativa tornam-se menos importantes.

CONSIDERAÇÕES FINAIS

A preocupação com o desenvolvimento de gestores que sejam eficazes nas suas organizações e tragam resultados efetivos neste cenário global competitivo remete a uma análise mais detalhada da atuação e papéis desempenhados pelos gerentes atuais.

Para muitas organizações, os resultados apresentados até agora são significativos para seus dirigentes, justificando em muito as práticas adotadas. Resta saber o grau de satisfação dos funcionários e quanto se adaptarão às exigências do amanhã.

Os gerentes de hoje parecem estar cumprindo com as expectativas que lhes são impostas sem maiores reivindicações de processos de trabalho ou qualidade de vida, mas, conforme estes e outros valores forem intensificados na sociedade, as práticas que se apresentam terão de ser revistas.

Algumas organizações já se antecipam ao futuro e têm apresentado condições para que os processos de trabalho se tornem mais humanizados; disponibilizam situações de autonomia que, numa perspectiva conservadora, podem causar estranheza e incômodo. Assim é o posicionamento dos gerentes que estão deixando as atitudes de "chefes" para exercerem um papel de liderança efetiva em suas organizações.

A questão é saber se, nos novos tempos, as pessoas ainda precisarão dos gerentes tradicionais ou se eles já estão em extinção.

REFERÊNCIAS

BLANCHARD, K. *Empowerment exige mais que um minuto*. Rio de Janeiro: Objetiva Negócios, 1996.

DENTON, D. K. *Organização horizontal*: além da satisfação total do cliente. São Paulo: Iman, 1995.

FRITZ, R. *Estrutura e comportamento organizacional*. São Paulo: Pioneira, 1997.

KOCH, R.; GODDEN, I. *Gerenciar sem gerência*: um manifesto pós-gerencial para simplificar os negócios. Rio de Janeiro: Rocco, 2000.

LONG, L. K. *Empowering*: levando os funcionários a assumir responsabilidades e riscos associados com suas decisões. São Paulo: Nobel, 1997.

OLIVEIRA, M. A. Dilemas na gestão da qualidade e da qualidade de vida no trabalho. In: ENCONTRO INTERNACIONAL DE GESTÃO DE COMPETÊNCIAS EM QUALIDADE DE VIDA, n. 1, São Paulo, 1998. *Anais*. São Paulo: FEA/USP, 1998.

O'TOOLE, J. *Liderando mudanças*. São Paulo: Makron Books, 1997.

SCHERMERHORN, J. R.; HUNT, J. G.; OSBORN, R. N. *Fundamentos de comportamento organizacional*. 2. ed. Porto Alegre: Bookman, 1999.

SCOTT, C. D.; JAFFE, D. T. *Empowerment*: a practical guide for success. Menlo, CALIF.: Crisp Publications, 1998.

SPECTOR, B. A. *Como criar e administrar empresas horizontais*. Rio de Janeiro: Campus, 1998.

WELLINS, Richard S.; BYHAM, William C.; WILSON, Jeanne M. *Equipe Zapp!* Rio de Janeiro: Campus, 1994.

WILSON, G. *Fazendo acontecer a mudança*: a empresa dos novos tempos. São Paulo: Saraiva, 1996.

LEITURAS SUGERIDAS

BERNARDES, C. *Sociologia aplicada à administração*: gerenciando grupos nas organizações. São Paulo: Atlas, 1995.

BOWDITCH, J. L.; BUONO. A. F. *Elementos de comportamento organizacional*. São Paulo: Pioneira, 1992.

CHANLAT, J. F. (Coord.). *O indivíduo na organização*. São Paulo: Atlas, 1997.

DAVIS, Keith; NEWSTRON, John. *Comportamento humano no trabalho*. São Paulo: Pioneira, 1995.

FOGUEL, S.; SOUZA, C. C. *Desenvolvimento organizacional*. São Paulo: Atlas, 1995.

KANAANE, Roberto. *Comportamento humano nas organizações*. São Paulo: Atlas, 1994.

KATZ, D. K. R. *Psicologia social das organizações*. São Paulo: Atlas, 1975.

LANER, Aline; CRUZ JUNIOR, João Benjamin. *Repensando as organizações*: da formação à participação. Florianópolis: Fundação Boiteaux, 2004.

MORGAN, G. *Imagens da organização*. São Paulo: Atlas, 1996.

MOSCOVICI, F. *Renascença organizacional*. Rio de Janeiro: J. Olympio, 1999.

NEGOCIAÇÃO EM AMBIENTE EMPRESARIAL

KASSEM MOHAMED EL SAYED

A VERDADEIRA EDUCAÇÃO DE
UM HOMEM É AQUELA QUE ELE
DEMONSTRA NOS MOMENTOS
EM QUE NÃO TEM A OBRIGAÇÃO
DE SER GENTIL.

(AUTOR DESCONHECIDO)

O termo negociação pode evocar em nossa lembrança imagens de encontros inflamados, em que diferentes partes defendem suas posições e interesses sendo, quase sempre, impossível de se atingir um acordo, o que acaba caracterizando a negociação como uma relação ganha-perde.

Por que negociar? Quando negociar? Será que se consegue atingir os resultados na negociação? Essas são perguntas que se fazem presentes na cabeça e nas ações das pessoas ou dos profissionais que passam o seu dia a dia em processo de negociação.

A diferença de postura e busca de resultados passa pelo reconhecimento da negociação como um processo que tem início e dificilmente terá fim, pois se renova a cada contato das partes em negociação, abrindo sempre novos horizontes de crescimento profissional, mediante o atingimento de resultados favoráveis.

Dominar técnicas, estabelecer relações, manter-se fiel a valores, saber trabalhar o perfil de acordo com aquilo que cada momento requer são atributos cada vez mais exigidos daqueles que negociam, porquanto o sucesso do processo vai depender da melhor combinação do conjunto: negociador – situação – resultados desejados – técnicas aplicadas.

O ato de negociar acompanha o ser o humano desde o princípio, que não teve princípio, e irá com ele até o fim, que não tem fim. Ao longo de sua existência, ao ser humano só não se dá a condição de negociar duas situações; a primeira delas, o seu nascimento; a segunda, o seu renascimento, ou seja, o momento de sua partida para o mundo espiritual. Passadas essas duas situações, tudo o que pode ocorrer no decorrer de nossos dias merece e deve ser negociado.

Dessa forma, dada a importância que a negociação assume na vida pessoal e profissional, é fundamental que se possam melhorar as habilidades em negociação e, por menores que sejam esses avanços nas habilidades, elas poderão proporcionar recompensas consideráveis.

Todas as situações existenciais importam negociação, pois elas envolvem:

- O estabelecimento e/ou manutenção de relacionamentos humanos.

- A busca pela satisfação de objetivos comuns e a geração de compromissos, e tudo isso tendo como base de sustentação o processo de conversação, ou melhor, o diálogo. Dessa forma, pode-se dizer que negociar é, basicamente, tentar um acordo por meio de um processo completo de comunicação.

Por ser encarada como uma forma de resolver desentendimentos, que ocorrem em consequência de relacionamentos, ou da procura da satisfação de objetivos que começam divergentes e, depois, convergem para uma zona de conforto aos negociadores, alguns autores afirmam que a negociação pode ser:

- intimidante, uma vez que leva as pessoas a uma situação ímpar na qual não se tem domínio sobre o que pode ocorrer;

- frustrante, pois os resultados da negociação podem não ser exatamente o que se busca ou o que se promete;

- opressiva, pois uma vez não atingidos os resultados, as cobranças virão de forma implacável.

É muito comum ouvirem-se desabafos estrondosos após uma negociação em que ocorreram as três situações apresentadas, e isso quase sempre acontece pela falta de preparo, ou melhor, de planejamento da negociação.

Para isso, é importante que se tenha consciência do que é necessário para desenvolver uma negociação bem-sucedida:

- Aprender sobre o processo de negociação, ou seja, as técnicas a serem conhecidas e aprimoradas por meio de exercícios práticos e diários.

- Compreender a si mesmo. A negociação é um processo eminentemente comportamental e, assim, é de fundamental importância que o negociador conheça o seu perfil e as suas reações frente às diferentes situações que irá enfrentar.

- Construir melhores relacionamentos. Engana-se aquele negociador que acredita que vai negociar com determinada pessoa apenas uma vez. Essa situação obriga aprender a lidar com as pessoas, especialmente no tocante às diferenças comportamentais ou de pontos de vista, o que fatalmente levará a finalizações desagradáveis nas negociações.

Isso posto, a negociação pode trazer muito mais reforço à situação com questões de ordem pessoal. Podem-se completar essas considerações iniciais dizendo que a negociação, cada vez mais, deve ser encarada como uma questão comportamental em 70% das situações e técnica nos outros 30%.

Negociar é uma arte? É muito comum que, em diferentes situações, pessoas façam os seguintes comentários:

"Essa história de negociar não é comigo, eu não tenho dom para isso."
"Eu não nasci com essa habilidade e não vai ser agora que vou aprendê-la."
"Negociar é uma arte e, para isso, tem que ter o dom."

Negociar é uma arte e requer regras para atingir resultados que contemplem todos os lados envolvidos.

Realmente, pode-se dizer que negociar é uma arte, desde que se possa entender arte como aquilo que se aprende e se aprimora na prática. Bom, dessa forma depreende-se que a habilidade e o dom para negociar podem ser aprendidos e aprimorados e gerar excelentes resultados.

Imagine você se Mozart, Beethoven, Da Vinci, Newton, Ayrton Senna e Pelé, entre tantos outros gênios em suas profissões, não tivessem plasmado uma disposição para se destacar com muito treino, prática, persistência e, finalmente, o sucesso no que faziam! Esse sucesso é fruto de muito esforço, ou seja, de muita prática, o que acaba caracterizando a excelência no que fazem.

A transformação da negociação em uma arte está associada à existência de três elementos que a caracterizam, a saber:

- criatividade;
- sensibilidade;
- intuição.

Aliás, essa última característica vem ganhando uma importância cada vez maior no mundo dos negócios, e não podia ser diferente com a negociação.

Para um melhor esclarecimento caracterizar-se-á intuição como uma forma de processar informações em termos de experiência passada, objetivos futuros e processos inconscientes, relacionando, de forma automática, a experiência passada com as informações relevantes da experiência imediata aos resultados que se pretende atingir.

Com base nessa conceituação, pode-se entender o nível de importância que essa característica passa a ter no mundo da negociação e quão carentes estão os negociadores em apresentá-la.

Como se pode conceituar a negociação?

O melhor caminho para se entender um processo, uma palavra ou um conceito é procurar a origem da palavra e a sua significação, e com a negociação não é diferente.

Ao se buscarem as similaridades da palavra negociação, em diferentes idiomas, tem-se:

LÍNGUA	PALAVRA
Portuguesa	NEGociação
Espanhola	NEGociación
Inglesa	NEGotiation

As três línguas apresentadas nos remetem a origem da palavra que vem do latim *necotio*.

Ao se abrir o significado da palavra *necotio*, deve-se entendê-la como a "negação do ócio". Quem nega o ócio desenvolve uma atividade deliberadamente produtiva que deve trazer, além de resultados, uma satisfação que compense o abandono do fazer nada pelo esforço de se conseguir algo.

Com essa afirmação, a negociação passa a ser vista como uma atividade fundamental na vida do ser humano nos diferentes ambientes em que atua.

Cohen (1980) define negociação como um campo do conhecimento e empenho que visa à conquista de pessoas de quem se deseja alguma coisa. Burbridge et al. (2005) apresenta o seguinte conjunto de definições para negociação:

> Caracterizamos negociação como um processo potencialmente oportunista de interação, pelo qual duas ou mais partes, partindo de algum grau de suposto conflito, procuram obter, mediante decisão comum, um resultado melhor do que teriam obtido por outros meios. (LAX; SEBENIUS apud BURBRIDGE et al., 2005)

> Negociação é um jogo que tem jogadores, segue regras, e pode, portanto, ser compreendido (não aleatório) e composto mediante uma série de eventos às vezes previsíveis. (LEWICKI; HIAM, 1999)

Alguns conceitos apresentados por Costa (2003) possibilitam uma visão diferente da negociação, como se pode observar a seguir:

"É uma arte difícil e exige julgamento, tato e bom-senso. Somente por meio da conscientização de seu "poder de barganha" relativo, um negociador sabe em que se firmar ou fazer concessões admissíveis" (Norma de compras da força aérea dos Estados Unidos).

> É obter um 'sim' conforme méritos e princípios, e não com dureza, querendo só ganhar e eventualmente prejudicar futuras relações, nem com moleza, querendo ser agradável e ficando, depois, magoado. Negociar é obter um acordo de mútuo interesse e, se houver conflitos, adotarem-se padrões corretos, passando por cima das propostas individuais. (HARVARD NEGOTIATION PROJECT apud COSTA, op. cit.)

> Negociação não consiste em mudar a opinião dos outros, mas em fazer das limitações possibilidades para mútua satisfação. (NURENBERG apud COSTA, op. cit.)

De todos os conceitos apresentados, existe um que chama mais a atenção, e é usando-o como referência que se entrará em mais detalhes sobre esse instigante tema. O conceito referido apresenta a negociação:

> Um (A) processo em que duas ou mais (B) partes, com (C) interesses comuns ou antagônicos se reúnem para (D) confrontar e discutir propostas explícitas com o objetivo de alcançarem um (E) acordo. (BERLEW apud CARVALHAL, 2002)

Para se entender o conceito, começa-se pelo processo, ou melhor, caracteriza-se a negociação como um processo.

A) PROCESSO

Pode-se dizer que a negociação é um processo por ser algo que ocorre no decorrer do tempo, estando associado ao passado [1], presente [2] e futuro [3] que, imediatamente após a conclusão da negociação, se torna o referencial do passado.

O tempo passado [1] ao qual se faz referência está associado a uma das principais etapas da negociação, que é o planejamento ou preparação.

O planejamento ou preparação é a etapa mais importante e também a mais negligenciada pelos negociadores. Mais de 70% do êxito de uma negociação depende de um planejamento benfeito, pois esse é o momento de:

- definir interesses e metas;
- definir a relação que se terá após a negociação;
- imaginar quais serão os interesses e objetivos do outro;
- coletar as informações necessárias;
- prever possíveis impasses, como e o que fazer para evitá-los e superá-los.

A seguir você terá um modelo de roteiro de preparação que pode ser utilizado como referência em suas negociações.

ROTEIRO DE PREPARAÇÃO
ESSE ROTEIRO ESTÁ ASSOCIADO AO PLANEJAMENTO

1. Descrição da situação (descreva a natureza da situação/problema que está enfrentando, relatando fatos e acontecimentos, se possível na ordem de sua ocorrência):

2. Descrição da outra parte envolvida (descreva as características principais da personalidade da outra pessoa envolvida na situação):

3. Relate o grau de dificuldade que está enfrentando com a situação (relacionado aos aspectos da percepção, da comunicação e das emoções presentes na situação):

_____

_____

4. Existem outras pessoas envolvidas na situação? Relate as características dessas pessoas, o posicionamento de cada uma frente à situação e se elas estão facilitando ou complicando a sua atuação:

_____

_____

5. Descreva a sua posição atual (as coisas concretas e objetivas que você já declarou ou pretende declarar):

_____

_____

6. Descreva a posição da outra parte (pensando na outra pessoa envolvida na situação, procure descrever as posições que já foram assumidas ou aquelas que você imagina que possam vir a ser):

_____

_____

7. Quais são os seus interesses nessa situação? (As coisas que verdadeiramente você deseja, suas necessidades, seus sonhos, ou seja, as coisas mais intangíveis, ligadas às suas emoções):

_____

_____

8. Da mesma forma, quais são os interesses da outra parte (coloque-se no lugar da outra parte e pense em quais são os prováveis interesses dela, o que realmente ela quer conseguir com essa situação):

_____

_____

9. Reflita agora sobre o que vocês têm como opções de verdadeiros ganhos mútuos? (O que você está disposto a mudar no seu posicionamento para viabilizar o atendimento aos verdadeiros interes-

ses tanto seus quanto da outra parte?). Da mesma forma, imagine o que a outra parte pode mudar no posicionamento dela:

10. No caso de ser crítico o envolvimento de terceiros, que ações você pode e deve tomar em relação a eles? De que maneira você pode neutralizá-los ou fazer que contribuam positivamente para a resolução da situação?

11. Que referências externas, padrões independentes aplicáveis na situação poderiam ser usados para apoiar uma alternativa que atenda aos interesses de ambas as partes? Descreva-as:

12. Finalmente, qual é a sua alternativa, fora da negociação, se não houver acordo (você deve estar preparado para uma saída, considerando a possibilidade de o acordo não ocorrer):

Quando se faz referência ao tempo presente [2], este é associado a duas etapas da negociação, que são a abertura e o desenvolvimento.

Na etapa da abertura, as partes interessadas estão frente a frente. Por isso é extremamente importante criar um clima favorável ao entendimento desde o começo. Estas são algumas formas de obtê-lo:

- quebrar o gelo e reduzir eventuais tensões;
- consensuar a pauta e o tempo disponível para a negociação;
- apresentar seus propósitos e estimular o interlocutor a apresentar os dele.

Você deve estar se perguntando: "Mas e a hora da ação propriamente dita, começa quando?".

A ação ocorre no desenvolvimento da negociação, etapa em que se está fazendo o jogo das propostas e argumentos, sendo ela a preferida, porém, a que pode levar ao fracasso se não for bem planejada. Alguns negociadores começam a negociação por essa etapa, o que os torna muito fragilizados. Na etapa do desenvolvimento você irá:

- explorar e compreender variáveis envolvidas na negociação e exaustivamente trabalhadas na etapa do planejamento;
- perguntar e ouvir atentamente o que o interlocutor está lhe apresentando e procurar esclarecer os pontos obscuros nas argumentações;
- pesquisar e criar alternativas de ganho mútuo, pois as propostas têm de ser boas para ambos os lados;
- buscar concordância de posição desde que seja vantajosa para ambos;
- evitar e/ou superar impasses, revendo as propostas apresentadas e procurando novas propostas.

O tempo futuro [3] referencia a mais esperada das etapas da negociação – o acordo. Vale a pena chamar a atenção de que de nada adianta fazer o acordo se ele não estiver acompanhado de um sistema de controle que irá monitorar o seu cumprimento e as correções de rumo que se fizerem necessárias. Esse momento requer muita sensibilidade; deve-se evitar a impaciência e a precipitação. É preciso estar atento aos sinais emitidos pelo interlocutor. Quando o momento parecer adequado, daí a necessidade da sensibilidade e da intuição, deve-se:

- resumir o que ficou combinado;
- recapitular os benefícios mútuos;
- verificar se não há mal-entendidos ou resistências;
- formalizar o compromisso;
- registrar o que foi acordado;
- combinar (se houver) os próximos passos, responsáveis, cronograma e as formas de acompanhamento e controle do cumprimento do acordo.

B) PARTES

Quando se faz referência às partes, quer-se enfatizar que se relaciona com indivíduos ou grupos [1] com suficiente autonomia e delegação [2] para fazer concessões [3] e moverem-se em suas posições para fazer ou cumprir acordos.

Segundo Stukart (2001), os indivíduos ou grupos devem ter um claro posicionamento que os remete ao que os filósofos gregos, em seus ensinamentos, escolheram como critérios decisivos para a negociação em ordem de importância e que podem ser chamados de alicerces da negociação:

> *Ethos* – você precisa irradiar credibilidade e confiabilidade, uma decorrência da postura ética, para convencer o outro. Sua comunicação verbal deve estar de acordo com as suas atitudes quando quiser persuadir alguém, porque todos percebem quando uma pessoa realmente acredita no que diz. Também a linguagem do corpo, muito mais antiga do que a falada, deve transmitir, mesmo inconscientemente, sua sinceridade e confiabilidade; olha que os gregos foram especialistas na arte de representar. A ética cria credibilidade e confiabilidade, bases de uma boa negociação.
>
> *Pathos* – hoje tem vários significados, mas os gregos o entendiam como "forte emoção que comove a alma". Isso é empatia, que hoje se pode interpretar como inteligência emocional. Tente compreender o outro antes de ser compreendido! Preste atenção especialmente ao que a pessoa sente, assim você terá o trabalho de convencimento mais facilitado.
>
> *Logos* – pode ser entendido como sentido, lógica, argumentação racional, um produto da inteligência racional humana (QI), para se distinguir da emocional, é também um alicerce da negociação, mas foi colocado pelos filósofos gregos depois da ética e da inteligência emocional.

Diante do que foi apresentado, fica claro que, se durante a negociação não estiver presente o comportamento ético – o maior investimento das pessoas –, será muito melhor paralisá-la e abrir o jogo de que, se continuar a utilização de ações ou comportamentos não éticos, não se poderá prosseguir na negociação.

Ainda com relação às Partes, vale a pena ressaltar que, ao se falar em autonomia e delegação para fazer concessões, há que se lembrar de que os negociadores devem estabelecer a sua "banda larga" de negociação com os que representam.

Isso porque é de bom alvitre que quem tem o poder de decisão não se senta à mesa de negociação, a não ser que o faça para assinar os acordos a serem firmados e negociados pelo seu preposto.

A "banda larga" são os limites mínimos e máximos estabelecidos ao negociador, para que ele possa se movimentar com relação a valores e/ou outras condições durante o processo de negociação, conforme se pode observar na Figura 6.1 a seguir.

Na Situação 1, tem-se como ponto de partida que a proposta apresentada é do interesse de quem deseja vender algo ou negociar uma situação e sempre é de um valor maior, desde que não exceda a, no máximo, 20% da proposta real. Isso permite, durante o processo de concessão, ir cedendo gradativamente até chegar ao valor real.

Na Situação 2, tem-se como ponto de partida que a proposta apresentada é do interesse de quem deseja comprar algum objeto ou negociar uma situação; o ponto de partida a ser considerado é o de ofertar um valor abaixo do que realmente vale o objeto de desejo e, de forma gradativa, aumentar a proposta até atingir um valor que possa ser considerado razoável para ambos os negociadores. Procure sempre obedecer à relação de 20% entre os seus limites.

FIGURA 6.1 • DETALHANDO AS PARTES

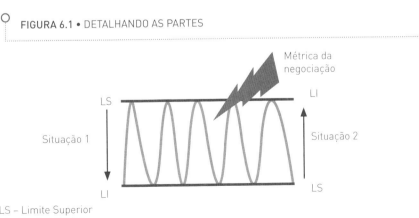

LS – Limite Superior
LI – Limite Inferior

Um conceito novo que apresentamos aqui é o da métrica da negociação, definido como um conjunto de fatores não previstos e que aparecem durante o processo da negociação, em virtude da troca de argumentos, o que facilita o atingimento de resultados. Alguns exemplos muito comuns de métrica são:

- substituição de um desconto por uma extensão no prazo de pagamento ou uma entrega parcelada de produto;
- concessão de um desconto não previsto para a opção de uma compra de quantidade maior do que a solicitada;
- substituição de um desconto ou parcelamento de pagamento por uma ação de marketing no estabelecimento do cliente.

C) INTERESSES

Quando se fala em interesses, deve-se lembrar que, na negociação, a maior preocupação é com a criação daquilo que se pode chamar de zona de conforto. Ela pode ser definida como aquela em que as propostas e os interesses começam a convergir para pontos em comum, o que acabará facilitando em muito na obtenção do acordo. Os interesses definirão também qual será o tipo da negociação, ou seja, se será distributiva ou integrativa.

A negociação distributiva, também chamada de ganha-perde ou perde-ganha, pode ser descrita como aquela em que as partes competem pela distribuição de uma soma fixa de valor. Nesse tipo de negociação, um lado ganha à custa do outro. O ponto central nesse tipo de negociação diz respeito a quem vai reivindicar o maior valor.

Para obter êxito em uma negociação distributiva, lembre-se das seguintes características:

- A primeira oferta pode constituir uma âncora psicológica forte e ser capaz de definir os rumos da negociação.
- Não revele dados significativos sobre a situação, ou seja, evite comentários que sinalizem a sua real necessidade ou a sua extrema dependência/interesse/desejo com relação ao objeto ou fato a ser negociado.

- Aprenda o máximo que puder sobre a outra parte, de forma que esse aprendizado possa lhe trazer benefícios a serem utilizados na negociação.

- Cuidado! Não seja ganancioso, pois esse tipo de comportamento criará um abismo difícil de ser transposto entre as partes, o que pode levar à desistência delas.

A negociação integrativa é definida como negociação ganha-ganha ou aquela em que as partes cooperam entre si para obter o máximo possível de benefícios, conjugando seus interesses em um acordo. Esses casos implicam criação e reivindicação de valor.

Uma negociação integrativa estimula os negociadores a fazerem o seguinte:

- fornecer informações significativas sobre suas respectivas situações;

- explicar por que desejam fechar o negócio;

- falar sobre seus reais interesses ou restrições empresariais;

- revelar e explicar, em termos gerais, suas preferências entre assuntos e opções.

Não se esqueça de que uma das principais conquistas da negociação, além do acordo, é a construção de uma rede de relacionamentos que poderá facilitar suas futuras ações nas próximas negociações.

D) CONFRONTAR E DISCUTIR

Essa etapa caracteriza a negociação como um processo de comunicação em que as partes estarão interligadas face a face ou indiretamente por meio de representantes, sempre interagindo e tendo como resultado a troca de argumentos que sustentarão as suas propostas.

Dessa forma, pode-se apresentar aquilo que é chamado de pré-requisitos da negociação, ou melhor, de quatro saberes de ouro:

a) saber comunicar;

b) saber ouvir;

c) saber perguntar;

d) saber persuadir.

SABER COMUNICAR

Vive-se na era da comunicação, tendo à disposição informações que, às vezes, chegam a ser consideradas exageradas. Muitas vezes, esse excesso de informações acaba gerando um processo de dependência de uns com os outros, movidos pela simples troca de informações ou compartilhamento de conhecimentos.

A importância da boa comunicação é notada quando se ouvem frases do tipo: "Se ele tivesse explicado melhor, poderíamos ter fechado o projeto com ele"; "É lamentável que ele não tenha conseguido explicar os objetivos de sua proposta"; "Você reparou como aquele político não conseguiu passar as suas ideias?".

Sem o diálogo não há comunicação nem soluções possíveis para os problemas que podem ocorrer na vida. Muitas pessoas acreditam que, em uma mesa de negociação, dois monólogos compõem um diálogo. Ledo engano. É nas entrelinhas desses monólogos que existe o terreno fértil para que a negociação não ocorra; é como se fossem duas pessoas ouvindo diferentes estações de rádio, ou seja, uma em FM e a outra em AM.

Na negociação, a comunicação deve ser de fácil compreensão (há pessoas que acreditam que, falando difícil, vão impressionar a outra parte e só depois percebem que atrapalharam a negociação com esse tipo de comportamento) e franca, ou seja, dizer o que é para ser dito sem ofender a outra parte (isso se chama assertividade).

Como já foi mencionado, com os filósofos gregos se aprende que, na comunicação, deve ocorrer a congruência ou a sintonia entre o que se verbaliza e o que corpo mostra. Quando isso ocorre, tem-se a comunicação integral, que pode trazer resultados satisfatórios.

Sendo isso uma verdade, deve-se ter muito cuidado com a mensagem que o corpo passa aos interlocutores durante a reunião ou encontro de negociação.

Um exemplo claro disso foi relatado por uma negociadora que ainda não tinha descoberto a força desse tipo de comunicação, quando, durante a negociação, chegou com seu interlocutor a uma situação de impasse em que, com certeza, não teria mais evolução. Por estar muito cansada, pois já estavam ali há mais de sete horas, ela resolveu apanhar a sua bolsa na cadeira que estava ao lado e, para isso, precisou se levantar um pouco.

O outro lado interpretou esse comportamento como uma possível retirada, o que para eles não era nada positivo. Imediatamente o líder do grupo disse a ela que não precisava se retirar, pois a proposta que ela havia feito atendia à necessidade deles. Esse é um simples exemplo de como um gesto ou um movimento, seja ele brusco ou não, pode trazer muitos resultados.

SABER OUVIR

No decorrer desses anos, se existe uma descoberta que ainda deixa certas pessoas estarrecidas é a constatação de que as escolas ensinam a ler, escrever, pesquisar etc., mas não ensinam a ouvir. Saber ouvir ativamente é um dos pré-requisitos indispensáveis à negociação, embora todos se sintam tentados, com base nos conhecimentos, a interromper as pessoas com quem falam para corrigi-las, concordar com elas ou, às vezes, até aconselhá-las. O que não se percebe é que, se alguém aprender a ouvir, conseguirá muitas informações valiosas sobre o que quer.

Se as pessoas fossem obrigadas a escutar a si próprias, com certeza falariam menos. A causa mais frequente de mal-entendidos é deixar de ouvir ativamente, uma vez que o ouvinte ativo, além de ter empatia e paciência, adota uma posição afirmativa, mostrando respeito pela outra pessoa.

Como negociadores, as pessoas devem aprender, desde cedo, a terem uma postura de disciplina quando se tratar de ouvir as outras partes da negociação.

SABER PERGUNTAR

Saber perguntar é outra faceta do ouvir ativamente. Quem pergunta conduz a conversa e, dessa forma, pode obter muitas informações; é uma tática do negociador. Mas existem alguns segredos de como perguntar. O principal deles está na estratégia de aprender a fazer perguntas abertas do tipo: "Puxa, que interessante esse tema. Você podia falar um pouco mais sobre ele?", "Que outros comentários você teria a fazer sobre esse assunto?" ou "Que alternativas temos para melhorar a proposta?".

Outro segredo está em estabelecer o resultado a ser atingido com as perguntas, o que, com certeza, lhe permitirá um leque maior de opções para fazê-las.

De certa forma, as perguntas abrem e excitam a mente, permitindo formular críticas; transmitir ideias; reduzir objeções; dissipar temores e estimular o interlocutor a dar as informações desejadas.

Para Stark (1998), as pessoas fazem perguntas para:

- pedir informações;
- confirmar o entendimento e o interesse;
- determinar o estilo comportamental da contraparte;
- aumentar a participação da contraparte;
- fornecer informação;
- levar alguém a refletir;
- trazer novamente o assunto para o centro da atenção;
- buscar pontos de acordo;
- reduzir a tensão;
- proporcionar estímulos positivos.

SABER PERSUADIR

Há pessoas que parecem ter o dom de convencer outras sem que tenham que se esforçar muito. São capazes de pedir favores, efetuar vendas ou angariar fundos com aparente facilidade. Já para aquelas que são persuadidas, tal capacidade parece quase uma "mágica", como se fizesse parte da personalidade dessas pessoas e sendo, por este motivo, inatingível para as demais. Isso explica o fato de muitas vezes se falar na "arte da persuasão", porque a arte é algo que se desenvolve e se cultiva, mas que dificilmente se aprende.

Para Stukart (2001), o processo de persuasão é composto por seis passos, descritos a seguir.

TIPIFICAR

O primeiro passo para persuadir é saber com que tipo de pessoa você está falando. Esse reconhecimento é importante para motivar e convencer seu interlocutor. Geralmente, uma pessoa tem características diversas, mas apresenta, na maioria dos casos, uma predominância.

Não existe um tipo só positivo ou só negativo, cada um tendo vantagens e desvantagens. Generalizar, como dizer que todos os políticos são ladrões, é uma reação primitiva e errônea.

Saber discernir o tipo e o estilo correspondente do interlocutor pode ajudar muito o negociador a compreendê-lo melhor e agir eficientemente nas negociações. Existem muitos sistemas de tipificação, e cada um deve escolher o que mais lhe convém.

O autor utilizou, por muitos anos, o sistema de tipos morfológicos para pessoas que estava conhecendo naquele momento. A análise transacional é também uma técnica excelente, mas não se pode pretender ensiná-la neste espaço.

Pode-se, ainda, tipificar, em um primeiro encontro, a pessoa conforme o sexo, a faixa etária e o tipo morfológico. O negociador deve ainda atentar para a faixa etária de seu interlocutor.

O adolescente é consciente da sua individualidade e, em geral, gosta de ficar na oposição. É muito ativo, mas não tem experiência. O que ele faz serve para sua aprendizagem individual, não para suas verdadeiras metas. Tem sentimento vivo, porém menos controlado que o do adulto.

O adulto, em geral, esqueceu as fantasias da juventude. É realista e quer assegurar seu emprego e sua vida. A necessidade de ganhar dinheiro provoca sobriedade e objetividade.

O idoso julga sua vida pela experiência, vendo, nos diversos ciclos, normas que se repetem, o que explica sua posição conservadora.

É bom lembrar que raramente existe um tipo puro. Existem adolescentes com mentalidade de ancião, e velhos intelectualmente jovens, mas a definição de tipos extremos é uma boa ajuda para o julgamento.

MOTIVAR

Na verdade, motivar é falácia. Ninguém pode motivar uma pessoa a fazer o que ela não quer. Só se podem satisfazer as aspirações que a pessoa já tenha, de modo que ela mesma se motive.

Para isso, é útil seguir alguns passos: manter seu interlocutor informado, fazê-lo participar da conversa, conhecer seus anseios e atender as suas necessidades.

A motivação pode brotar no íntimo ou emanar de fonte externa, como recompensa ou castigo. Mas o que pode ser forte estímulo para uma pessoa, para outra causa apenas desinteresse.

ARGUMENTAR

A argumentação começa com assuntos que podem ser resolvidos facilmente. O acordo sobre itens polêmicos é mais fácil se a conversa for iniciada com temas não problemáticos.

O acordo ficará mais viável se forem enfatizados os pontos similares em vez dos diferentes e se você apresentar os dois lados da questão antes de chegar ao seu ponto de vista.

A conclusão deve ser explicitamente enfatizada e repetida de diversas formas. Os argumentos devem ser lógicos e críveis, mas somente terão sucesso se você for honesto e estiver pessoalmente convicto do que está dizendo. Faz parte da boa argumentação a apresentação de dados verdadeiros, inegáveis e oriundos de fontes confiáveis.

Os argumentos, deduções e induções, raciocínios de analogia e de eliminação devem ser coerentes e consistentes. As atitudes devem ser honestas e as informações, precisas. A ética acima de qualquer dúvida e uma reputação ilibada fazem de cada indivíduo uma pessoa confiável.

CONVENCER

Não se considera persuasão influenciar pessoas mediante constrangimento ou agressão violenta, como intimação com sanções, chantagem, calúnia, guerra psicológica, lavagem cerebral, propaganda não ética ou ameaça de força bruta; todas elas são técnicas imorais.

Consideram-se técnicas válidas de persuasão, além de uma boa argumentação apresentada de forma a motivar a pessoa, o marketing, a astúcia, o blefe e a sugestão.

Nesse processo, devem se apresentar, de forma coerente, os argumentos necessários à elucidação das condições em negociação de tal forma que os envolvidos possam se convencer conscientemente, ou seja, sem pressão.

SUGERIR

Existem, em princípio, três estados de consciência: a vigília, quando a pessoa está acordada e concentrada; a pré-consciência, quando a atenção está difusa e a pessoa está prestes a cair no sono; e a inconsciência, quando a pessoa dorme ou entra em transe. Segundo Erickson (apud

STUKART, 2001), 80% das relações humanas são do tipo hipnótico, ocorrendo quando a pessoa está inconsciente.

A sugestão, na comunicação persuasiva, é exercida justamente sobre o inconsciente. Consiste em levar o interlocutor a um estado de confiança e relaxamento, suscitando seu interesse e cooperação e, depois, fazer uso de mensagens repetidas, criando a evidência de uma necessidade e a sugestão de que é a meta.

MUDAR HÁBITOS

A apresentação de fatos e argumentos lógicos raramente é suficiente para persuadir a mudança de um costume. Os grilhões do hábito são demasiado pequenos para se sentir, mas demasiado fortes para se quebrarem facilmente. A resistência provém de costumes e hábitos com base em valores, atitudes, lealdades diferentes, apatia ou ceticismo.

O negociador que tenta fazer que a pessoa com quem conversa tome uma atitude contrária a seus costumes precisa levar essa resistência em consideração. Um hábito se cria facilmente. Para modificá-lo, é preciso transpor três barreiras difíceis: a ignorância, por meio de informações novas; a desconfiança, com argumentos convincentes; e a inércia, ou resistência a mudanças, com demonstração, novas explicações, treinamento e controle permanente.

ACORDO

Esse é o momento mais aguardado da negociação e, por isso, requer muita sensibilidade, devendo-se evitar a impaciência e a precipitação. É preciso estar atento aos sinais emitidos pelo outro. Quando o momento parecer adequado, deve-se:

- indagar se todos compreenderam perfeitamente a proposta apresentada;
- checar quais os benefícios, as vantagens e as consequências obtidas pelo acordo proposto;
- mostrar-se preocupado quanto à satisfação da outra parte;
- esclarecer eventuais dúvidas que possam existir;
- montar, junto com o interlocutor, um programa de acompanhamento do acordo.

ESTILOS DE NEGOCIAÇÃO

As pessoas têm necessidades, objetivos e expectativas próprias e, da mesma forma, reagem e se comportam de maneira própria e individual na negociação para alcançar seus objetivos ou atender as suas necessidades. Esse modo diferenciado de se comportar é função do estilo dominante de negociação de cada um.

Para se definirem os estilos de negociação, trabalhar-se-á com o cruzamento das características de comportamento, da formalidade e informalidade, da dominância e da condescendência, o que permitirá obterem-se quatro estilos.

Mas, antes de qualquer coisa, há que se conhecer algumas características dos comportamentos citados. Algumas características de comportamento, das que aparecem na variável formalidade, definem uma pessoa como:

- autocontrolada;
- autodisciplinada;
- que oculta seus sentimentos;
- às vezes retraída;
- que parece inacessível;
- impassível diante das situações que se apresentam;
- orientada para detalhes;
- organizada;
- preservada, mantendo distância de pessoas ou situações.

No comportamento informal, algumas das características apresentadas são:

- espontaneidade;
- impulsividade;
- expressa facilmente os seus sentimentos;
- parece acessível;
- orientada para o macro, não gostando de detalhes;
- gosto pelo improviso;
- busca se aproximar das pessoas.

Quando se faz referência às características da dominância e da condescendência, listam-se:

- Os dominadores que:
  - tomam facilmente a iniciativa;
  - comunicam-se com extrema rapidez;
  - têm postura desafiadora;
  - fazem afirmações sobre fatos, pessoas ou situações;
  - são diretos no que querem e buscam;
  - aparentam confiança;
  - apresentam decisões muito rápidas;
  - demonstram forte sentido de urgência.
- Os condescendentes que:
  - esperam ser solicitados a participar;
  - comunicam-se ponderadamente;
  - apresentam a sutileza como um dos seus pontos fortes;
  - gostam de fazer muitas perguntas;
  - demonstram calma aparente;
  - analisam muito bem suas decisões;
  - agem com um forte sentido de paciência.

Conforme pode ser observado na Figura 6.2 a seguir, ao se fazerem os cruzamentos dessas características de comportamento, ter-se-ão os quatro estilos de negociadores e suas características.

FIGURA 6.2 • ESTILOS DE NEGOCIAÇÃO

DOMINANTE/INFORMAL

CONDESCENDENTE/INFORMAL

INOVADOR/APOIADOR

DOMINANTE/FORMAL
ANALÍTICO DOMINADOR

CONDESCENDENTE/FORMAL

Algumas características de comportamento do estilo inovador podem ser descritas como:

- orientado para ideias;
- divide com outros todas as informações que possui;
- tende a não cumprir o que promete;
- necessita ser reconhecido pelos outros como "ótimo", "único" em alguma coisa;
- generalista, não gostando de análises detalhadas;
- discute ideias e coloca os fatos com convicção;
- corre o risco de cair em subjetivismos e em divergências puramente semânticas.

Para o estilo apoiador, podem-se descrever as seguintes características:

- é orientado para relacionamento;
- convive com diferenças individuais, aceitando como bom quem é diferente dele;
- necessita ser amigo de todos para ser aceito pelo grupo;
- centrado no esforço da equipe;
- corre o risco de discutir questões aleatórias, com perda de tempo, ameaça de saturação e desgaste.

Para o estilo analítico, apresentam-se as seguintes características:

- orientação para tarefas;
- tende a cumprir o que promete;
- não costuma dividir as informações relevantes por acreditar que elas podem fazer uma grande diferença;
- apresenta dificuldade para tomar decisões diante do grande número de informações que possui;
- é pouco flexível às mudanças, querendo a observância estrita das regras do jogo;
- gosta de discutir a estrutura formal das situações.

O estilo dominador tem os seguintes destaques em suas características de comportamento:

- fortemente orientado para resultados;

- o que diz é o que pensa e sente;
- apresenta muita dificuldade em aceitar e conviver com diferenças individuais;
- necessita cumprir o dever, alcançar seus objetivos, suas metas;
- não gosta de perder tempo com detalhes e pequenas questões, procura atacar os pontos sensíveis da questão, na esperança de solucioná-la prontamente;
- corre o risco de omitir pontos importantes, por falta de dimensionamento adequado do problema.

Talvez você esteja se perguntando: "Qual é o melhor estilo?". Todos os estilos são bons, e você, apesar de ter o seu estilo dominante, deve aprender a trafegar em todos eles; esse tráfego vai ser ditado pelas circunstâncias da negociação e pelo resultado que você quer atingir.

TÁTICAS DE NEGOCIAÇÃO

De forma geral, as pessoas nem sempre se baseiam em princípios para negociar, chegando a achar muito fácil usar táticas, ou melhor, truques para apressar o resultado da negociação.

Já se comentou anteriormente a importância da ética na negociação. Caso você perceba que o seu interlocutor, ou melhor, a outra parte envolvida na negociação está utilizando truques ou táticas manipulativas ou traiçoeiras, a melhor saída é identificar qual é a tática; depois, denunciar à outra parte que você sabe o que ela está fazendo e, somente depois disso, voltar a negociar.

Burbridge et al. (2005) reforçam que a tática, enquanto palavra de origem grega (*taktike*), é uma expressão militar cujo significado mais comum é a "arte de dispor e manobrar as tropas no campo de batalha para conseguir o máximo de eficácia durante um combate". Dessa forma, apresenta uma relação de táticas, sendo a maioria de autoria desconhecida.

Apropriação

Tática pela qual, na hora do fechamento, o negociador obtém do outro lado o reconhecimento de que o negócio foi bom e por quê. Assim, faz que o outro se prepare para eventuais futuras críticas e se torne defensor do negócio e dos negociadores.

Ato de boa vontade

Uma concessão sem a respectiva troca, para melhorar o relacionamento. Pode ser colocada em prática a qualquer momento, mas é melhor na fase de reconstruir (últimos cinco passos da negociação).

Básico e opcionais

Tática de propor um preço baixo para algo e, depois, cobrar caro para os "opcionais", que são, de fato, virtualmente indispensáveis.

O bode

Com base na anedota de mesmo nome, refere-se à prática de incluir condições ou exigências sem importância para, posteriormente, poder trocá-las por coisas de real valor ou parecer simpático.

"Cara de bobo"

Fingir que não entende as colocações feitas pela outra parte na busca de algum ganho, seja de tempo, mais informação ou mais concessão.

Colocar-se no lugar do outro

Mostrar compreensão sobre os interesses e posições do outro reduz o risco de mal-entendidos e é simpático. Não significa, de modo algum, concordar com o outro.

Condição inaceitável

Tática de bloqueio pela qual se responde a uma proposta exagerada com uma condição também exagerada, feita para não ser aceita.

"Coringa na manga"

Pedido de uma nova concessão depois que o negócio foi fechado. Tira vantagem do compromisso já assumido pela outra parte e dos custos incorridos por ela para fechar o negócio.

Criar laços

Busca de pontos comuns entre negociadores, para facilitar a comunicação e diminuir as resistências.

Discurso de vitória

Dar ao outro os argumentos necessários para que ele convença "os seus" de que fez um bom negócio. Protege sua reputação e ajuda no cumprimento e execução do acordo.

Fechamento condicional

"Se eu aceitar essas condições temos um acordo?" Frase usada para se descobrir alguma exigência escondida, sem se comprometer.

Fora dos limites

Se a outra parte traz para debate um item tido como não negociável, pode-se agir diplomaticamente, levando a discussão para outro assunto.

Ir ao balcão

Expressão criada por William Ury (1999) que descreve o ato de física ou mentalmente sair do local de conflito ou impasse para visualizar "de fora" o que está acontecendo e diagnosticar.

"Jogar verde"

Fazer afirmações para testar a reação da outra parte, ou fazer perguntas (mesmo que se saibam as respostas) para testar a consistência de colocações anteriores da outra parte.

Mãos atadas

O uso de justificativas, como orçamento limitado, política da empresa ou tabela de preços publicada, para limitar a própria flexibilidade no negócio.

Meio a meio

O ponto médio entre duas posições, com o propósito de induzir as partes a considerarem o resultado justo. O problema é saber se as concessões são equivalentes. Há o risco de a outra parte também exigir mais concessões após a divisão.

Crunch e *supercrunch*

Usada pela parte que recebe uma proposta para pedir mais: "Você terá que melhorar essa proposta". Com mais intensidade: "Você ainda tem muito a melhorar nessa proposta para podermos iniciar nossa conversa".

Negociação por etapas

Processo de negociar múltiplos aspectos na ordem mais favorável, assegurando o compromisso quanto a determinado ponto antes de passar para o próximo. Pode fazer parte da estratégia.

Não negociável

Exclusão de itens da negociação. Tática usada para estabelecer precondições e para evitar a discussão de determinados assuntos.

Ou isso ou aquilo e frente russa

Tentativa de canalizar para apenas duas opções. Ajuda a direcionar a negociação e mantém o diálogo fluindo. A frente russa é uma variação da tática "ou isso ou aquilo", na qual uma das opções é tão ruim que induz a outra parte a aceitar a proposta que anteriormente havia recusado.

Pegar ou largar

Tática usada para bloquear concessões do seu lado. Apresenta o risco de acirramento ou abandono de negociação.

Pequenas mordidas

Busca de pequenas concessões como condição para o fechamento do item principal.

Precondições

Usada frequentemente na fase de preparação para defender uma situação ou assegurar vantagens iniciais já obtidas. Exemplo: "depois de você analisar a minuta", "no meu escritório", "sem advogados".

Porta aberta

Resposta hábil para um pedido inesperado: "E se eu aceitasse?". Possibilita a discussão para quem indagou primeiro.

Responder com pergunta

Tática de responder a uma pergunta com outra pergunta. Usada para mudar o foco da negociação, evitando que você se posicione, devolvendo a discussão para quem indagou primeiro.

"Salame"

Dividir a negociação em muitos itens pequenos, para facilitar a condução da negociação. Pode tornar o processo lento demais.

Sinalizar

Indicar o desejo de ceder em determinado ponto para descobrir o que se pode ganhar em troca.

Somar e subtrair

Somar é a tática de adicionar algo, argumentando que o custo é pouco e o valor adicionado é muito. "Por apenas 3% a mais, podemos instalar um som especial no seu carro." O negociador tenta tirar proveito da euforia do outro para melhorar o negócio do seu lado. Subtrair é sugerir tirar algo do pacote oferecido para reduzir o preço. "Se você não precisa de tal coisa, podemos reduzir bem nossa proposta." Pode ser bastante útil para retornar à Zopa (Zona de Possíveis Acordos), quando a âncora foi exagerada.

Tirar o que não precisa

Usada para legitimar a redução de uma proposta inicial alta. Tirar da proposta um item indispensável, mas reduzir sensivelmente o seu valor.

Trancar

Tomar uma posição intransigente, às vezes, para forçar uma decisão, mas seu uso corre risco de escalada ou desistência do outro lado.

Um pelo outro

Proposta de trocar coisas equivalentes na negociação. O ponto crítico é assegurar que tais itens sejam, de fato, de valor similar, enquadrando-os na negociação como um todo.

Valorizar

Respeitar a inteligência alheia. Sempre há algo a se aprender com os outros.

Erros mais comuns nas negociações

Mesmo estando preparados ou achando-se preparados é muito comum que os negociadores cometam erros às vezes até grosseiros. Veja alguns, para uma melhor reflexão, e procure evitá-los:

- começar a negociar sem estar pronto;
- negociar com a pessoa errada;
- insistir em uma posição;
- sentir-se impotente durante a negociação;
- ter medo de perder o controle da negociação;
- afastar-se das metas e limites estabelecidos;
- pensar na resposta certa no dia seguinte;

- culpar-se pelo erro dos outros;
- não se concentrar em fechar a negociação.

Como você percebeu, a maioria dos erros é decorrente da falta de planejamento da negociação, portanto, reforça-se que o planejamento garante 70% do êxito ou do fracasso da negociação.

CONSIDERAÇÕES FINAIS

No começo da abordagem do tema, declarou-se que negociação é 70% comportamental e 30% técnica e, ao longo deste capítulo, mostraram-se evidências suficientes que comprovam tal afirmação.

A seguir, mais algumas evidências da necessidade de o negociador ter um domínio perfeito de suas características de comportamento:

- a paciência de Jó;
- a resistência física de um corredor de maratona;
- a astúcia de Maquiavel;
- as habilidades de investigação da personalidade de um bom psiquiatra;
- o couro de um rinoceronte;
- a integridade e imparcialidade comprovadas;
- uma crença fundamental nos valores e potenciais humanos, temperados com uma capacidade para avaliar as fraquezas e a força pessoal;
- uma capacidade acurada para analisar o que está disponível em contraposição ao que poderia ser desejável;
- uma energia pessoal e ego suficientemente dispostos para ficar em segundo plano.

Associado a esse conjunto de características lembre-se de que *NAVEGAR É PRECISO, NEGOCIAR NÃO É PRECISO*. Por isso podemos dizer que negociar é fruto de muito TREINO, TREINO, TREINO...

REFERÊNCIAS

BURBRIDGE, R. M. et al. *Gestão de negociação*. São Paulo: Saraiva, 2005.

CARVALHAL, E. do. *Negociação fortalecendo o processo*: como construir relações de longo prazo. Rio de Janeiro: Vision, 2002.

COHEN, Herb. *Você pode negociar qualquer coisa*. Rio de Janeiro: Record, 1980.

COSTA, Roberto Figueiredo. *Negociação para compradores*: como adquirir vantagem competitiva nas negociações profissionais. São Paulo: Edicta, 2003.

LEWICKI, Roy J.; HIAM, Alexander. The fast forward MBA. In: *Negotiating and deal making*. Nova York: John Wiley, 1999.

STARK, Peter. *Aprenda a negociar*. São Paulo: Litera Mundi, 1998.

STUKART, Herbert Lowe. *Negociar*: técnicas para comprar e vender melhor. São Paulo: Nobel, 2001.

URY, William. *Chegando à paz*. Rio de Janeiro: Campus, 1999.

LEITURAS SUGERIDAS

ACUFF, Frank L. *Como negociar qualquer coisa com qualquer pessoa em qualquer lugar do mundo*. São Paulo: Senac, 1998.

BARROS, Jorge Pedro Dalledonne. *Negociação*. Rio de Janeiro: Senac Nacional, 2004.

DIMITRIUS, Jö-Ellan; MAZARELLA, Mark. *Começando com o pé direito*. São Paulo: Alegro, 2002.

ELLINNOR, Linda; GERARD, Glenna. *Diálogo*: redescobrindo o poder transformador da conversa – criando e mantendo a colaboração no trabalho. São Paulo: Futura, 1998.

FINLAYSON, Andrew. *Perguntas que resolvem*: a arte de perguntar para obter as respostas que funcionam. Rio de Janeiro: Campus, 2002.

HILSDORF, Lupércio. *Negociações bem-sucedidas*. São Paulo: Academia de Inteligência, 2005.

LEWICKI, Roy J.; HIAM, Alexander. *MBA - compacto*: estratégias de negociação e fechamento. Rio de Janeiro: Campus, 2003.

_____. *The fast forward MBA in negotiating and deal making*. Nova York: J. Wiley, 1999.

LEWICKI, Roy J.; SAUNDERS, David; MINTON, John. *Fundamentos da negociação*. Porto Alegre: Bookman, 2002.

MARTINELLI, Dante P. *Negociação empresarial*: enfoque sistêmico e visão estratégica. São Paulo: Manole, 2002.

MARTINELLI, Dante P.; ALMEIDA, Ana Paula de. *Negociação e solução de conflitos*. São Paulo: Atlas, 1998.

MATOS, Francisco Gomes de. *Negociação*. Rio de Janeiro: Reichmann & Affonso, 2002.

MELLO, José Carlos Martins F. de. *Negociação baseada em estratégia*. São Paulo: Atlas, 2003.

MURRO, Carlos F. *Negociemos*. Ferramentas eficazes para soluções reais. São Paulo: Ideias&Letras, 2004.

SANER, Raymond. *O negociador experiente*. São Paulo: Senac, 2002.

SCHNITMAN, Dora Fried; LITTLEJOHN, Stephen. *Novos paradigmas em negociação*. Porto Alegre: Artmed, 1999.

SCHOTT, Bárbara; BIRKER, Klaus. *Negociar com competência*. São Paulo: Cultrix, 1995.

SHELL, Richard G. *Negociar é preciso*. São Paulo: Negócio, 2001.

STONE, Douglas; PATTON Bruce; HEEN, Sheila. *Conversas difíceis*. Rio de Janeiro: Campus, 1999.

WANDERLEY, José Augusto. *Negociação total*: encontrando soluções, vencendo resistências, obtendo resultados. 7. ed. São Paulo: Gente, 1998.

ZELDIN, Theodore. *Conversação*: como um bom papo pode mudar sua vida. São Paulo: Record, 2001.